U0111735

大展好書　好書大展
品嘗好書　冠群可期

大展好書　好書大展

品嘗好書　冠群可期

中華傳統武術
23

劈掛拳

大展出版社有限公司

武兵 著

作者簡介

　　武兵，武術學者，北京武兵武術學堂主講，中國共產黨黨員。北京體育大學畢業，中國武術段位高段，國家級裁判，高級教練，兩翼拳第5代傳人。歷任山西省大同市武術培訓中心總教練，大同市體育運動學校武術套路、散打總教練，大同市武兵武術學校校長兼總教練，北京體育大學成教部散打主教練，北京航空航太大學北海學院武術教授等職。

　　出生於武術世家，歷經武術界多位名家指導，勤修靜悟，分別在國內、國際各類大賽中榮獲武術套路、武術散打冠軍24個。

　　在全國武術專業雜誌《武當》《少林與太極》《中華武術》《武魂》《武林》《精武》《搏擊》《拳擊與格

門》《武術家》《文武中國》《全球功夫》等刊物發表了300餘篇武學作品，並多次榮獲全國武術有獎徵文大獎。

　　分別在北京體育大學出版社、人民體育出版社、山西科學技術出版社及臺灣大展出版社出版武學專著16本及VCD和DVD教學光碟多張。

前　言

　　傳統武術是中國武術的重要組成部分，其紮根於民間，具有濃郁、古樸的武術神韻，是武術寶庫中的精華。

　　隨著「世界傳統武術錦標賽」「全國傳統武術比賽」及「CCTV-5武林大會」的舉辦，傳統武術得到了重視與發展。當下，中國武術要深化「大武術觀」的認識，樹立大武術觀念、營造大環境、形成大團結、推動大發展。

　　在大力弘揚中國傳統武術之際，爲迎合大武術的發展，滿足國內外衆多酷愛傳統武術練習者的需求，現將筆者鑽研、習練多年的中國傳統武術撰寫成「中華傳統武術」。該套書所介紹的名拳，都是經國家武術院審核，按照「源流有序、拳理清晰、特點突出、自成體系」的16字方針，認定流傳各地的129個武術拳種中的精品。

　　「中華傳統武術」本次共有5本，分別是《八極拳》《劈掛拳》《彈腿拳》《少林拳》《南拳》，單本成冊，每本圖書都力求做到圖示精確，文字精準，透過圖文並茂的形式來激發讀者和學練者的學習興趣。

　　寫作風格獨特，分別從拳術概述、拳術精華功法、拳術套路展示、拳術技擊解招、拳術拳理通覽及拳術學練指點等方面加以闡釋和表現，整套叢書縱橫交錯、精言細理地呈現傳統武術，讓讀者一看就懂，一學便會。

受校訓「追求卓越」的耳濡目染，以及相伴著「一生只做武術人」的志向，筆者欲把所撰之圖書創作爲精品，於是，在創作過程中時有感動，感動於武術本身，也感動於武術之外。但因自身的武學境界所限，也許會書不盡言，言不盡意，還望廣大行家裡手多加斧正。

一部好的武術專著，對於傳承武術意義重大。作爲武術人的筆者，心存夙願，能文能武是我畢生的追求，面對「文者不武，武者不文」之現狀，始終按捺不住創作的衝動。雖說衝動是魔鬼，但在創作中，這種衝動是必需的。帶著創作的衝動，去引爆創作的激情；帶著激情去創作，其作品必定是有血有肉的。筆者會不斷地努力，力爭寫出更多的武學作品，以饗讀者。

成書之際，特別要感謝王天增、武萬富、王祖金、白枝梅、王宏強、武冬、于三虎、伍軍紅、劉一鳴、武晨希和武喆或等，沒有他們一直以來的關心、支援和幫助，就沒有這套叢書的面世。

作 者

目　錄

第一章
劈掛拳概述

第一節　劈掛拳的起源與發展

一、劈掛拳的起源

　　何謂劈掛拳？劈掛拳是由拳術的技術而得名，拳多以下劈、上掛手法為特色而聞名，雙臂交錯縱橫，往復來去翻騰，是一種擅長勁的傳統武術拳種，是中國十大傳統武術名拳之一，是中國傳統武林的一朵奇葩，盛名久遠。

　　劈掛拳，古代又稱披掛拳、抹面拳，因多善用掌，故也稱劈掛掌，是典型的長擊遠打類的中國傳統武術拳種之一，具有放長擊遠和「一寸長、一寸強」的技擊理論。

　　講究遠則長擊、近則抽打，大開大合，收放自然；要求猛劈快掛、長短兼備、手疾眼快，身捷步活，勢高力猛，出手必中。

　　有「彼不動我不動，彼若動我先動」「快打遲，巧打拙」「慢練調勁行氣，快用發力制人」的說法。

　　劈掛拳在明代中葉就已經流傳於民間了，究竟創於何時及由何人所創，史料中沒有詳細記載，但在明代軍事家戚繼光的《紀效新書》中對劈掛拳卻有著精闢的論述。書

中寫道，「披掛橫拳而其快也」，這是指劈掛拳之迅猛快捷；「活足朝天而其柔也」，這是指劈掛拳腿法之靈活，是對該拳「提膝護胸，伸足朝天，左右抹面（十字披紅）」等腿法妙用之讚譽。

戚繼光在《拳經捷要篇》中，把「拋架子搶步披掛」一招列入「擇其善者」而編成的三十二勢長拳中。同時還吸收了劈掛拳中的埋伏勢、倒騎龍、摧地龍、順彎肘等單勢動作，可見劈掛拳在軍旅武術中的地位是很高的。

戚繼光之後到清朝的百餘年間，史料中沒有關於劈掛拳的詳細記載。

大約到了清朝嘉慶年間（1796—1820），河北滄州一帶又有了劈掛拳的流傳，此時劈掛拳已有鹽山和南皮兩支流派了。

（一）鹽山一支

鹽山一支傳自清朝鹽山小左莊左寶梅（1753—1818）。他傳授的內容是劈掛拳慢套和青龍拳。因其武德高尚，武技出眾，故被人們尊稱為「左八爺」。據傳左寶梅是得藝於一位韓姓的僧人。後來左寶梅又將劈掛拳武藝傳於潘文學。在潘文學主持鹽山書院時，設文武課程教授學生，歷時數載，武科人才濟濟，其中李雲表和肖合成尤為出眾。

黃林彪（1831—1907），字偉村，體魄健壯，才思敏捷，武藝精深，人送綽號「蓋南京」，被尊稱為「黃六爺」。他是李雲表（標）、肖合成（蕭合成）二位大師的武藝繼承者，晚年收馬鳳圖、馬英圖兄弟為徒傳授劈掛拳

武藝。

馬鳳圖（1886—1973），字健翊，是通備拳藝的繼承者和開拓者，鳳圖先生曾任甘肅、青海兩省國術館副館長，新中國成立後任甘肅省武協主席等職。12歲師從黃林彪學藝10年，是劈掛拳門中受教最深的一位。

馬英圖（1898—1956），字健勳，新中國成立前任中央國術館武術科科長，其素以「心狠手毒」著稱，人稱「馬狠子」，他與胞兄鳳圖都是劈掛拳一代宗師。

繼馬氏二傑之後又有穎達、賢達、令達、明達等馬家後人繼承了劈掛拳。這一支劈掛拳經馬鳳圖、馬英圖傳播後在甘肅省及西北諸省流傳最廣。

（二）南皮一支

南皮一支傳自清朝南皮縣龐柳莊人郭大發（生卒年不詳）。這一支傳授的內容是劈掛拳的快套、掛拳等。郭大發早年在京城當保鏢，因為武功精絕，後被詔入皇室，任皇宮禁軍護衛官。

晚年以教武為生，傳藝於子郭長榮與其孫郭秀亭。還傳教於鄰村旮莊趙氏，趙氏自傳三代至趙世奎。趙世奎在民國初年又把劈掛拳傳給了郭長生。

郭長生（1896—1967），字恩普，因其演練的掛拳和劈掛拳快套又猛又快，故人稱「郭燕子」。民國初期曾任曹錕總統府護衛，後來因不滿官場黑暗而憤然回鄉，南京中央國術館成立後，任苗刀及武術教官。抗戰期間閒居家鄉，致力於武學研究。

　　郭長生一生授徒較多，其中主要弟子有曹硯海、郭健偉、高玉清及子郭瑞林、郭瑞祥。其中，曹硯海於1928年在杭州打擂和1933年在上海國考時，均取得了第一名。

　　郭瑞祥（1932—2013），字慕秋，6歲起便隨父郭長生習武，拜「武狀元」曹硯海為義父，拜馬英圖為師。1947年，到國立體育專科師範學校上學。郭瑞祥先生文通武備，德藝雙馨，是我國武術界少有的一位學者型武術家，被國家評為「中華十大武術名師」、中國武術九段。

　　郭瑞祥整理出版了《苗刀》《劈掛拳》《通臂二十四勢》等多部武術專著及《劈掛刀》《瘋魔棍》《通臂拳》等多部拳械影像製品，對劈掛拳的傳承與發展都起到了積極的推動作用。

　　1983年郭瑞祥先生被評為「全國優秀武術輔導員」，1984年應邀赴河北武術隊任教，1985年被聘為河北滄州武術館館長，1996年被推舉為中國滄州通臂劈掛拳研究總會會長。他的一生為中國傳統武術的挖掘與整理、傳承與弘揚做出了不可磨滅的貢獻，被載入《中國大百科全書·體育卷·武術人物》。

二、劈掛拳的發展

　　1910年，天津中華武士會成立，把劈掛拳列為主要習練科目之一，傳播於華北地區。民國以後，劈掛拳以滄縣、天津、蘭州、瀋陽等地流傳為盛。

　　1928年，南京成立中央國術館，劈掛拳被作為研習演練的高級拳術。時任國術館少林科科長的武術大師馬英圖

和國術館特聘教授、武術大師郭長生，恰是當時滄州鹽山、南皮兩支劈掛拳的代表人物。二人一見如故，相互切磋技藝，求精合絕，使得兩大支劈掛拳的拳技融合提升，有了質的飛躍。

新中國成立後，劈掛拳受到了國家的極大重視，被列為全國武術比賽的競賽項目之一。之後劈掛拳有了很大的發展，現已遍及全國各地。在中國武術推向世界的當下，劈掛拳已在日本、英國、法國、俄羅斯等國家廣泛傳播。

1976年始，劈掛拳、瘋魔棍、劈掛刀、苗刀在全國武術錦標賽、全國武術觀摩交流大會、全國傳統武術比賽上，屢有金牌得主，僅郭瑞祥的門人就有王志海、王華鋒、馬俊祥等高手。

1984年，滄州體委成立了滄州武術館，郭瑞祥任館長，設劈掛拳班，面向全國招生，學員來自29個省、市、自治區，劈掛拳被迅速傳播到全國各地。

1987年，開始有日本、美國、韓國等國外的武術愛好者專程來到中國滄州學習劈掛拳。

1996年11月，成立滄州通臂、劈掛拳研究總會，推舉郭瑞祥為會長，會後日本沖繩，韓國釜山，美國紐約，中國上海、北京、浙江、吉林相繼成立了分會，使劈掛拳這一傳統武技在全世界有了一個統一的組織，使劈掛拳成為知名度較高的拳種。

1998年，由國家武術管理中心、武術研究院整理創編了劈掛拳規定套路，劈掛拳同太極拳、形意拳、八卦拳、通臂拳、八極拳、少林拳等被評為全國十大優秀傳統武術

拳種。

劈掛拳流傳中並無器械套路，郭長生、馬英圖兩位先輩為了使這一優秀拳種系統化、完整化，在20世紀30年代初創編了瘋魔棍和劈掛刀，從而填補了劈掛拳系沒有器械套路的空白。

之後，郭長生又集古刀之精華，揉進了劈掛腰法和通臂步法，創編了較一路苗刀連擊性更為突出的二路苗刀，此後苗刀也被視為劈掛拳系中的一個器械套路，體現了劈掛拳大劈大掛、風疾雨驟的技擊風貌。後來，郭長生回歸故里，繼續對劈掛拳進行精修研求，進而總結了快、活、多變、力沉長的技術特點。

劈掛拳源流有序、拳理明晰、風格獨特、自成體系。在傳承過程中逐漸形成了西北劈掛與滄州劈掛兩支，其風格特點大同小異。

西北劈掛有一路抹面拳、二路青龍拳、三路飛虎拳、四路太淑拳和大架子。

（1）一路抹面拳

一路抹面拳，主要以劈為主，進行腰、胯、步的基本操練。

（2）二路青龍拳

二路青龍拳，主要以掛為主，進行移步、搶門、出招的練習，行勢多，技擊手法密。

（3）三路飛虎拳

三路飛虎拳，主要以動作遒勁、快速連貫為特點，具有長短兼顧之優點。

（4）四路太淑拳

四路太淑拳，主要融合了太祖拳、八極拳、戳腳拳等拳種的技法特點及通備拳的勁力，使拳法剛猛，暴烈驟變，體現了手腳齊動、上下合擊、以腿腳為先、連環踢打的技擊風格。

（5）大架子

大架子，是整個劈掛拳的基礎，是產生四路劈掛拳及各種器械的總「母子架」。除了作為基本技術和基本動作練習外，是手、眼、身、法、步等勁力方面的主體。

滄州劈掛有掛拳、青龍拳、慢套劈掛拳、快套劈掛拳和炮錘五個套路。後兩路劈掛拳知者寥寥，受傳者更是無幾了，所以不是很流行。

（1）快套劈掛拳

快套劈掛拳，起落鑽伏，突出一個「快」字。

（2）慢套劈掛拳

慢套劈掛拳，轆轤翻車，滾滾劈掛，突出一個「密」字。

（3）青龍拳

青龍拳，如游龍出水貫長虹，身法舒展瀟灑，突出一個「長」字。

（4）掛拳

掛拳，疾行高跳似閃電，突出一個「捷」字。

（5）炮錘

炮錘，樸素渾厚，剛勁有力，突出一個「健」字。

一個拳種能夠長期流傳下來，其中重要的原因就是要

有較為系統的技術方法和拳術理論來支撐，使之雄立於武林。猛劈疾掛、大開大合、體用兼備的劈掛拳即是一例。

劈掛拳在實戰中，主張高來則掛，低來則劈，橫來則攔，順來則搬，主張「不招不架就是一下，犯了招架就是十下」，強調「一寸長一寸強」，以快打慢，以長制短，橫攔斜擊，閃進攻取。

在訓練中遵循「慢拉架子，快打拳，急發招」的訓練步驟，以求達到學以致用的目的。

在劈掛拳的傳承中，不應忽視其技擊本質，應該將劈掛拳的精髓拳理以及技法等精華部分都保留下來。如果忽略了劈掛拳中技擊技術的傳承，而主要集中體現套路的難、美等運動形式，那麼就不能將劈掛拳中的技擊技術更好地體現出來，也就失去了劈掛拳的技擊本質。

有學者認為劈掛拳與通（臂）背拳同出一源。還有一支通備劈掛拳又稱馬氏通備劈掛拳，是馬氏通備武藝體系的一個分支。馬氏通備武藝是由馬鳳圖、馬英圖等老一輩武術家於21世紀初期由通背拳深化提出的通備武藝體系的總稱。

「通」指「通達」，「備」是「兼備」，即融通古今，兼備內外的劈掛拳術。概括起來就是「通神達化，備萬貫一，理象會通，體用俱備」十六字要訣，注重輕重、剛柔、緩急、動靜、虛實的轉換。

因劈掛拳與通臂拳從技法、技理上也有許多相同之處，所以很容易混淆。現行武術競賽規則規定：劈掛拳、通臂拳同屬傳統武術二類拳不同的兩個拳種。

劈掛拳技法以劈、掛為主；通臂（背）拳技法以劈、

拍、撩、摔、鑽為主；勁力表現也有區別，以劈掌為例，劈掛拳是軀幹有滾擰之勁；通臂拳是軀幹有疊折之勁。當然，拳種之間也免不了要相互滲透和吸收，這也正是中華武術綿延不斷的真實寫照。

第二節　劈掛拳的特點

一、劈掛拳的勁力特點

所謂「勁力」包括「力量」和「內勁」。「力量」是指大腦神經支配下的肌肉收縮力。「內勁」是指在人的意識支配下產生於經絡血脈之間運行的氣血，透過氣息吐納和肌肉的舒張、收縮而發出的內在的深層力。「力量」顯示剛猛、僵硬、短促，而「內勁」則沉綿合整、圓活靈巧、柔鬆彈抖。人體本力越大，透鍛鍊獲得的內勁就越大。

劈掛拳的勁力主要有：

（1）開合勁

指以腰椎為中心，頸椎和尾椎兩端開合帶來如弓的屈伸勁。

（2）吞吐勁

吞勁指縮胸拔背如猛吞入食物的屈勁，吐勁指將收縮的軀幹似醉漢吐酒一樣猛然催發的伸勁。

（3）滾勒勁

滾勁指旋轉臂膀如滾圓木頭樁般對外力的化勁，勒勁指回手如勒馬之韁繩將對方牽過來的帶勁。

（4）劈掛勁

劈勁指手臂如斧下劈的勁，掛勁指掌臂似鐮刀的擋截勁。

（5）鞭子勁

鞭杆似腰，鞭把似腳，鞭梢似手的抽打之勁，指周身發力，恰似鞭子勁。

（6）轆轤勁

指以腰為軸，兩臂掄圓左右旋轉如古代水井的轆轤翻扯勁。

（7）扭轉勁

指以腰胯為軸，腰部和下肢左右轉動的扭絲勁和旋轉勁的總稱。

劈掛拳注重力從腰發，運用胸部的開合吞吐和腰部的擰轉折疊來配合兩臂的運使。發力時要求臂、肩、胸、腰、背、胯、膝、腕各關節柔活自然，放鬆不拘，合蓄開發，勢猛力柔，柔中含剛，軀幹開合如弓，胸背吞吐如弦，發出之力如無影之箭，與上下肢及軀幹的起伏擰轉形成全身之力，以最快速度集中於一點，以腰為軸，走輪子勁和轆轤反扯勁。

劈掛拳的勁力核心可用十六字歸納，即「大開大合，猛起硬落，轆轤翻車，如珠走盤」。劈掛拳的勁力是可以相互轉化的，可剛可柔，剛柔有度。這樣才能打出冷、脆、硬、彈、綿、長、軟、急、巧等勁力，體現出劈掛拳的勁力特點。

二、劈掛拳的步法特點

劈掛拳的步法多為跨步、輾轉步、激絞連環步（又稱拖跟步、追擊步、連環步）、繞步、弧形步、跟步、闖步等。行拳時步法靈活多變，快疾如風，形成了逢進必跟、逢跟必進、進跟連環、環環相套、敏捷疾速的獨特風格。

精純的步法運用於實戰時，常常會使對手處於被動局面，令對手防不勝防。

三、劈掛拳的技術特點

兩臂調直，摟臂合腕，大劈大掛，放長擊遠，快如閃電，鬆肩舒背，回環折疊，前握後扣。左右擰轉，吞胸凸背，縮身藏頭，擰腰切胯，合膝鑽足，收腹斂臀。大開大合，猛起快落，開如發炮，合如伏炮，上下展炸，翻騰不息，柔發剛至，勁力通透，頂頭豎項，沉肩墜肘，含胸拔背，三體（肩、腰、胯）同動，三盤（上、中、下）一貫，叩齒舔齶，氣息下沉，動作舒暢，神形合一。招疾多變，以快打慢，以長制短，閃進快取，虛實往返，招法珠連，速進猛攻，有「擊中目標是小勝，打倒目標才是大勝」的說法。

劈掛拳技術方法有：滾、勒、劈、掛、斬、卸、剪、採、掠、擯、伸、收、摸、探、彈、砸、擂、猛等。

四、劈掛拳的套路特點

套路演練時，兩臂猛劈硬掛，勢如破竹，上下翻飛，

滾翻撲摟，劈掛撩砸。身體起落鑽伏，伸收自如，開合爆發，腰似蛇行，快捷靈活，猶如大江奔放，氣勢磅礡，起伏跌宕，川流不息，疾風怒濤，動作舒展飄逸，勁力飽滿，動靜快慢，剛柔虛實，互相轉化，直出側入，勢無定勢，形無定蹤。

「前掩胸、後走橫、上掛耳、下護襠，滾肩閃劈反扯勁，摟膝繞步把人傷」。做到「騰如龍，猛如虎，狠如鷹，靈如猴，柔如蛇，剛如鐵，滑如油，快如電，行如風，站如釘。」

拳諺云：「眼為先鋒，心為主帥，手足將兵快應對。」行拳應戰時要觀前顧後，做到步到、招到、眼到。習拳步驟講求「正、順、合、活、快、力、精、巧、妙、絕」十字境界。

劈掛拳常用招法有：單劈、雙劈、反劈、撩陰掌、左右開山炮、大跨步、小跨步、前劈橫、雙撣手、雙撞掌、笤捶、倒發烏雷、鷂子穿林、雀地龍、招風手、搓指掌、鐵掃帚、跨腿、抄手起腳等。

五、劈掛拳的實戰特點

橫攔斜擊，以豎破橫，以橫解豎，身以閃身而進，手以滾肩而發，步以繞步為上，「周身螺旋快擰裹，轆轤反扯勁不丟。」見招打勢，靈活多變，一勢連三手，以長制短，以快打慢。「上打烏雲罩月，下走吃繞別鎖。」「出手不見手，回手不漏手。」「遇強偏門走，逢弱直門進。」「手起搶撩陰，轉身橫捋帶。」

在戰術上常講求虛實應變，聲東擊西，指上打下，引誘誆騙，膽壯眼明，出招快速，聯手有力，真假虛實，無蹤無影，攻其不備。做到「手似流星眼似電，腰似蛇形腳似鑽。」

過去軍旅中是不提倡操練花法的。如明朝戚繼光所撰《紀效新書》兵家類卷首中記載：「學技即不真而花法無益之。」所以，好看的花槍、花刀、花棍、花叉中的單舞、翻滾、跳打都是以示於人前美觀的花法。這裡所說的「花」是指武術套路中的「陪襯」動作。每一個套路都是由幾個主要招法組成，而這些招法就是技擊的核心、實用的主體，都應該精練。且要融會貫通、爛熟於心，這樣在實戰中才能得心應手。

劈掛拳動作開合幅度較大，四肢百骸同動，雙臂放長擊遠，大開密合，長中藏短。脆快冷彈，伸縮若簧，上下相合，長刁冷抽。步法多變，身法靈活，步法講究「進必跟，退必疾。」在長進與速退中，常以腳趾原地碾轉的方法來變換方位姿勢。以腰為軸，含胸拔背，力由腰發，常常直進側入，轉折機靈。柔中帶剛，剛中寓柔，長擊與短打相兼，手劈腳踢並用，技法上講究隨招進招，隨形打勢。

技擊部位有「頭、膝、手、足、肩、背、肘、胯」八位。雙眼炯炯有神如鷹目，氣勢逼人，技法上講究速進猛攻，以快打慢，即手到、步到、眼先到。調息以呼氣、吸氣、聚氣、沉氣、吞氣、吐氣為主。身法要求溜背合腕，吞吐伸縮，回環折疊，擰腰切胯，滾裹翻轉不息，前後相隨，身不見正面。呼吸、節奏、招式「三合」，以三體同

動（肩、腰、胯）、三盤一貫（上、中、下）。

技擊戰術中講究以快制慢，以長制短，上擎下取，下擎則上取，正設則側擊，奇正虛實，似有若無的方法攻擊對手的要害部位。

拳諺講「手是兩扇門，全憑腿打人。」其中腿包含腿法、步法之意。在實戰中，如果使用的動作擊不中對方，其主要原因就在於步法跟不上動作。步法是尋找對方破綻的利器，對方處在什麼位置就用什麼招法，步到、招到，制人為妙。

拳術套路和實戰訓練在形式上和訓練內容上是截然不同的兩條途徑。如果在實戰中按套路攻守者，可謂食古不化。在實戰中若能得心應手於一勢者，即可以揚名於武林；得二勢者即入化境，獨步於武壇；精通於三勢，便可無敵於天下。所以，實戰的訓練指導思想是招法在精不在多。拳語云「不怕百招會，就怕一招精。」

六、劈掛拳的內功特點

劈掛拳和其他傳統拳一樣，也講究「內練一口氣，外練筋骨皮。」俗語講：「筋不離血，力不離氣。」則筋以血培而力以氣助就是這個道理。

氣隨意念，氣貫丹田，則勁足力透，發勁飽滿。氣浮則力單，氣沉則勁透。腳為根，手為梢，腰為軸。以氣貫力，以根力催腰力，以腰力摧梢力。以意催氣，以氣帶力。意隨於心，無堅不摧，氣催於根，力威如虎，氣貫於梢，搏敵得手。氣通則力達，力達則勁整。

第三節 劈掛拳的技術體系

劈掛拳的技術體系豐滿，風格獨特，其中包括基本功、基本技術、基本功法、拳術套路、器械套路、技擊實戰等內容。

一、基本功

基本功包括基本手型即掌、拳、勾等；

步型即麒麟步、半馬步、馬步、弓步、虛步、仆步、丁步、倒插步等；

手法即劈、斬、攔、掛、削、推、抓、穿、撩等；

腿法即釘、踢、彈、剽、蹬、踹、圈、點、踩、頂、撩等；

身法即（肩、腰、胯）三體同動、（上、中、下）三盤一貫、擰腰切胯、沉肩順肘、溜背合腕、吞吐伸縮、虛實互變等；

步法即激絞連環步、大跨步、小跨步、追擊步、弧形步、墊步、輾轉步等；

眼法即動視法、靜視法等；

氣息法即吸氣法、呼氣法、閉氣法、換氣法等；

勁法即通透勁、整身勁、開合勁、吞吐勁、劈掛勁、滾勒勁、翻扯勁、轆轤勁、鞭子勁等。

二、基本技術

基本技術包括單劈、雙劈、反劈、撩陰掌、左右開山

炮、前劈橫、雙撣手、雙撞掌、筈捶、倒發烏雷、鷂子穿林、雀地龍、招風手、搓指掌、鐵掃帚、跨腿、抄手起腳等。

三、基本功法

基本功法包括肩功、腰功、臂功、腿功、跳躍功、平衡功等內容。

四、拳術套路

拳術套路包括西北劈掛拳即一路劈掛、二路青龍、三路飛虎、四路太淑和大架子等；還有滄州劈掛拳即掛拳、青龍拳、快套劈掛拳、慢套劈掛拳和炮捶等。

中國武術系列劈掛拳規定套路包括劈掛拳初級競賽規定套路、劈掛拳中級競賽規定套路、劈掛拳高級競賽規定套路和自選競賽劈掛拳等。

五、器械套路

器械套路包括劈掛單刀、劈掛雙刀、苗刀（雙手刀、長刀）一路、苗刀二路、奇槍、六合大槍、宣化劍、提袍劍、瘋魔棍、三節棍、鞭杆、九節鞭、鳳頭鉤、攔門撅、戟等，以及苗刀進槍等對練套路。

六、技擊實戰

技擊實戰包括徒手實戰和兵器實戰。透過雙人將劈掛拳拳套的實用招式進行逐一拆「解招＋遞餵招＋套用招＋

實打招」等步驟的訓練，來提高練習者的實戰能力。劈掛拳講究「慢練調勁行氣，快用發力制人。」

劈掛拳的「十二大趟子」即十二個招法，反覆單練，不僅可為套路增色，而且利於技擊實戰，其招法主要有單劈手、鷂子穿林、雙撞掌、戳指掌、倒發烏雷、纏額手、開門炮、大跨步、小跨步、招風手、鐵掃帚、抄錘等。

劈掛拳經典名招有三環套月、野馬奔槽、金雞獨立、青龍探爪、鳳凰點頭、眾雞爭窩、白猿望月、黃鶯覓食、隔山扐虎、雙龍戲珠、霸王折韁、烏龍盤打、雙龍吐鬚、鷂子翻身、雙風貫耳、平地翻車等。

第四節　劈掛拳套路教學的階段、步驟與方法

一、劈掛拳套路教學的階段

第一階段：

主要進行基本功、基本動作、基本組合和基礎套路的教學。基礎套路教學一般以劈掛拳術為主，要求習練者學會動作，明確動作要領，掌握練習方法，提高專項身體素質，適應套路教學訓練的要求。

第二階段：

主要在鞏固第一階段教學成果的基礎上，教學劈掛拳、刀、棍等中級套路及項目，要求掌握套路的動作規格和不同套路的技術特點與技術風格，並進一步加強身體素

質訓練，以適應更高的技術要求。

第三階段：

進一步鞏固與提高單練套路的演練技巧和難度動作的品質，學習對練套路，根據學練者的身體素質和技術特點，形成每個人不同的技術特長和風格。

二、劈掛拳套路教學的步驟

劈掛拳套路教學一般可分為五個步驟。

第一步：

主要任務是使學練者掌握動作的方向路線。透過老師的正確示範和簡介要領，使學練者弄清動作的方向路線。對於動作姿勢可作一般的要求，否則易引起學練者的疲勞，分散其對方向路線的注意力，從而降低了學習效率，影響學練者完成學習任務。

第二步：

主要任務是讓學練者在完成套路時達到動作或姿勢的準確與工整。在學練者掌握了動作方向路線後，老師要按正常的速度進行正確的示範，並讓學練者反覆練習，不斷糾正錯誤動作，要嚴格要求學練者，重點強調動作的細節，如手型、步型、身型的準確與工整，讓演練者克服緊張、僵硬、不協調等反應，使其演練時動作逐步成熟定型。

第三步：

主要任務是讓學練者連貫完整地完成整個套路動作。老師要根據套路的節奏進行正確連貫的完整示範，使學練者明確動作之間銜接的技巧與方法，並嚴格地進行練習，特別要

在動作協調、完整統一、用力順達等方面多加注意。

第四步：

主要任務是讓學練者掌握劈掛拳套路的動作特點和演練風格。主要是透過老師對動作性質、勁力、風格、節奏的分析，進一步講解精神、意氣與形體動作的結合，讓演練者體會「形神兼備」「內外合一」的演練技巧，突出劈掛拳的特點與技術風格。

第五步：

主要任務是透過訓練繼續鞏固與提高。這就進一步要求學練者要認真進行訓練，將前四個步驟掌握的動作進行鞏固與提高，使學練者在改正錯誤動作的同時鞏固正確的動力定型。

三、劈掛拳套路教學的方法

劈掛拳套路教學中常採用的教學方法有直觀教學法、完整與分解教學法、語言法、預防與糾正錯誤法、練習法和比賽法等。

（一）直觀教學法

1. 動作示範

（1）示範位置的選擇

主要有三種方法可以方便所有的學練者全面觀察老師的示範。

第一種是老師站在學練者排成的橫隊前面，與橫隊左

右把邊的學練者形成等邊三解形，即三角形頂點示範；

第二種是老師站在學練者隊伍的中間，即中心示範；

第三種是老師站在學練者學習套路前進方向的左前方或右前方，即斜前方示範。

（2）示範面的運用

正確地使用示範面可以讓學練者更好更快地學會套路動作並掌握要領。

一般情況下，凡是身體側向行進的動作，可做鏡面示範；凡是身體正向行進的動作，可做側面示範；不能做鏡面與側面示範的動作，可做斜面示範；比較複雜繁難的動作，可做多面示範。

另外，還可以將動作進行分解或重點進行示範。

（3）領做示範

學習新動作時老師要採用領做示範，這時，要注意示範的位置與示範的速度。領做示範時要根據套路的運動方向來選擇位置，一般採用三角形頂點示範和斜前方示範，使學練者能全面地看到領做動作，以便於模仿，掌握動作的運動路線、方法與姿勢。當運動方向改變時，領做位置也要更換。

剛開始領做時速度要稍緩慢，以利於學員模仿，隨著對動作的逐漸熟練，再過渡到正常領做。

（4）示範與講解結合運用

動作示範是作用於視覺器官的直觀教學方式，易於收到感知動作形象的效果。生動形象地講解則是透過語言作用於聽覺器官的直觀方式，可準確地揭示動作的內在聯

繫。示範與講解結合不僅可以使學練者直觀地模仿動作，而且可以透過語言刺激，讓他們進一步明確動作要領，體腦並用，能極大地提高學練效果。

一般情況下，對水準比較低的學練者以示範為主，以講解為輔；對水準較高的學練者以講解為主。學習新動作時，要根據套路的難易程度和學練者的實際水準等情況來選擇採用示範與講解的結合。

2. 多媒體教學

多媒體教學是一種以對話模式將文本、圖形、圖像、音訊、視頻等多重媒體資訊，經過電腦設備的獲取、操作、編輯、存儲等綜合處理後，以單獨或合成的形態表現出來的技術和方法。

多媒體教學是很重要的一種訓練手段，它有助於學練者建立正確的動作概念，能充分顯示動作的結構、過程、關鍵、要領與細節，為學練者提供生動、形象的套路展示，還可以加深學練者對套路的理解和動作要領的分析，領會單個動作至全套動作的演練風格。

恰當地運用多媒體教學，可豐富教學內容，激發學練者的學拳興趣，提高教與學的效率。

（二）完整與分解教學法

1. 完整教學法

完整教學法可以使學練者瞭解單個動作的全貌，形成

完整的概念，因而它是主要的一種教學方法。但它的缺點是，在遇到比較複雜或難度大的動作時，學練者不易正確地掌握動作細節，從而難以達到教學的要求。

因此，在下列兩種情況下運用完整教學法才會收到好的教學效果：

①在教授動作結構簡單和難度不大的動作時；

②在對有一定專業基礎的學練者進行教學時。

2. 分解教學法

分解教學法是將完整的單個動作合理地分解成兩個或兩個以上的部分進行教學的一種方法。其優點是便於學員掌握動作細節，更好更快地達到動作要求。在下列情況下可運用分解教學法：

①在教授結構和方向路線較複雜的動作時；

②在教授具有攻防因素較多的動作時；

③在教授節奏感變化較強、動作起伏變化較大的動作時。

但是，分解教學法也不宜將動作分解得過碎，教學中應儘快地由分解過渡到完整動作，以免影響動作的完整性。一般可採用完整—分解—再完整的教學原則，要把分解教學與完整教學有機地結合起來，使學練者由分解教學掌握動作的細節，透過完整教學瞭解動作的全貌，由分解教學與完整教學相結合使學練者由學會單個動作到學會整個套路動作。

（三）語言法

1. 講 解

講解是語言法中最主要的一種形式。講解要有目的，通俗易懂，簡明扼要，富有啟發性，並且注意時機與效果。

（1）講解的內容

教學中，一般需要講解的內容有以下幾個方面：

①動作的規格與要求

動作的規格與要求，是拳術科學化、規格化的關鍵，通過講解使學練者進一步明確動作的規格與要求，啟發學練者的思維，提高技術動作的品質，形成正確的動力定型。

②動作的基本規律

講解拳術套路的基本規律不僅有助於學練者加強記憶，更好地掌握套路技術，而且有助於加強學練者的素質培養，在實踐中不斷創新，如拳術動作技法的基本規律、呼吸與動作配合的基本規律、套路運動的節奏規律等。

③動作易犯的錯誤

講解動作易犯的錯誤與糾正方法，可以提醒學練者防止發生此類錯誤，即使在訓練中出了錯誤，也可以很快地意識到並採取一定的辦法予以糾正。

④動作的關鍵環節

動作的關鍵環節決定著能否儘快學會與正確掌握該動作。因此，必須認真分析動作，抓住關鍵進行講解，使學練者更好地掌握套路動作。

⑤ 動作的攻防含義

攻防含義是武術的主要特徵，也是拳術套路存在的主要依據。正確地講解套路動作的攻防含義有助於學練者準確地理解與掌握動作，使其學拳意識更清晰，學練動作更逼真。

（2）講解的方法

① 形象化講解

形象化講解是指將拳術動作的形態比喻成自然界常見的某種現象。比喻必須形象、貼切，有利於學練者產生聯想。

② 術語化講解

術語是指拳術的專門用語，具有簡明扼要的特點。常用術語進行講解不僅有利於規範化的要求，而且可以減少講解時間，把書本知識與實踐結合起來。

③ 口訣化講解

口訣化講解是指將拳術套路中的某個動作進行高度概括、總結成言簡意賅並有一定格律韻味的詞句。口訣化講解有利於調動學練者的積極性，活躍學習氣氛，加速學練者對套路動作的理解與掌握。

④ 單字化講解

單字化講解是指對拳術套路中的某個環節或關鍵進行提煉、歸納、總結成一個字進行提示，或以若干個單字提示動作的若干個環節。

它不僅可以節省時間，而且便於學練者理解和掌握套路動作要領。

2. 口令的運用

（1）常用口令

這種口令是一個動作一個呼號，口令的呼號是1〇、2〇、3〇、4〇……（數位表示第一動作，數位後面的〇表示短暫停頓），即口令不要拉長，節拍基本相等。

（2）中間有分解動作的口令

如在動作口令中間，第三個動作需要分解成四個小節，這種口令的呼號就變成1〇、2〇，到第三個動作時，應呼成3〇1，〇2〇，〇3〇，〇4〇。

（3）提示性的口令

一種是先提示再喊口令，提示的內容一般是動作名稱，前面的動作名稱預令，後面的呼號是動令，預令應有拖音；另一種是先喊口令再提示，提示的內容一般是動作要求或容易出現的錯誤，前面的呼號是動令，後面為提示內容。

（4）綜合性的口令

根據教學內容的需要，可綜合運用各種口令。如果需要培養學練者的動作規格時，用常用口令；培養學練者的動作節奏時，用快慢相間的節拍口令；幫助學練者熟練動作或提示動作方向、速度時，可運用提示性口令。還可以只提示，不呼口令，如走、快、停、轉、跳等。

（四）預防和糾正錯誤法

①由於學練者接受能力和協調性差而出現錯誤時，應

耐心地採用分解動作、慢速示範、多領做等方法進行糾正。

②由於肌肉本體感覺差不能控制動作而出現錯誤時，可以強調規格與要求，用站樁式的練習、助力與阻力和定向直觀法來幫助糾正。

③由於身體素質差而不能完成動作時，不能因急躁而挫傷學練者的學習情緒，應採用相應的措施，如降低動作難度，使學練者逐步完成動作。

④由於心理原因而做不好動作時，應做好心理工作，並提供一定的保護與幫助，逐步加大難度，讓學練者克服畏難情緒，逐步克服動作中的錯誤。

⑤由於不理解動作性質和作用而出現錯誤時，可根據動作的性質，講解動作的攻防含義來引導與啟發，幫助糾正。

糾正錯誤時，要善於抓住共性錯誤，啟發學練者分析錯誤的原因，以點帶面解決普遍存在的問題。

（五）練習法

1. 練習法的內容

（1）重複練習法

重複練習法是指在拳術教學過程中，將單個動作、組合動作、分段動作、整套動作重複練習的方法。重複練習要有明確的目的，練習時要向學練者提出具體而切合實際的要求，要根據學練者的特點、教學不同的階段以及動作的難易程度，科學地安排練習的次數、強度和間隔時間，

並注意及時預防和糾正錯誤動作。

（2）變換練習法

變換練習法是指在變換的條件下進行的練習方法。根據教學的需求，變換運動負荷、環境、場地、器械等，如放慢動作速度、降低運動負荷，或者採用相應的輔助練習等。變換練習應選擇安排好變換的條件和運動負荷。在動作學習、改進和提高拳術技術時，對變換的內容應做出明確的規定，使練習效果符合教學的要求。

（3）綜合練習法

綜合練習法是指綜合運用某些練習法的特點而組成的練習方法。應根據教學任務的需要，注意使練習手段、練習量和強度、練習間隙及練習程式的安排，符合教學要求。綜合練習沒有固定的練習形式，它的作用是多方面的，對於掌握、鞏固技術動作和提高身體素質，均有較好的作用。

2.練習法的形式

練習法常用以下組織練習的形式來實施，一般採用個人練習、分組練習和集體練習。

（1）個人練習

個人練習是培養學練者獨立進行演練能力的一種方法。它有利於因人施教和糾正個別錯誤，同時還能培養學練者獨立體會剛學過的新內容的能力。在進行基本功、基本動作和套路練習時，也可以採用個人輪流練習法互相觀摩、互相學習、取長補短。

（2）分組練習

分組練習是將學練者分成若干個小組，對他們提出具體要求，由老師或學生骨幹組織練習的一種方式。這種方式可以節省時間，保證練習數量與品質，提高運動負荷，使學練者觀摩學習，培養團結互助的精神。

（3）集體練習

集體練習是在老師的統一組織下，指揮學練者統一進行練習的一種形式。它要求老師注意觀察學生練習中出現的錯誤，及時地進行示範與講解。

集體練習要求統一指揮、統一行動、有令則行、無令則止。集體練習有利於培養學練者頑強的意志品質和集體主義觀念。

（六）比賽法

在教學的不同階段，根據教學任務和要求，以及學練者的實際情況，制定出教學比賽的標準和要求，採用個人比賽、分組集體比賽、分組推選代表比賽等形式。這種教學比賽，可由老師評分，或者學生評分與老師評分相結合來評定成績。

學生在這種具有「競爭」因素、心理緊張的情況下完成動作，最大限度地表現出機體的功能，有效地發展身體素質，提高套路的演練水準和比賽的適應能力。

第二章

劈掛拳精華功法

第一節 劈掛拳活肩功

一、活肩功動作說明

（一）壓肩功

1. 單壓肩

（1）上壓肩

練習者兩腳開步，身體面向牆壁自然站立，右手自然下垂體側，左手直臂向上自然伸展，掌心伏貼於牆體，目視前方。接著身體重心前移，左手臂及腋下貼壓於牆體上，頭稍右轉。如此反覆進行上壓肩練習。右手上壓肩與左手上壓肩方法相同，唯手臂左右不同，每組練習50～100次。（圖2–1、圖2–2）

（2）橫壓肩

練習者身體斜向面牆而站，左手臂平直伸展於體左側，掌心貼伏於牆體，接著身體左側倒，左手臂內側及腋下緊貼於牆面，如此反覆進行橫壓肩練習，目視前方。右

圖2-1   圖2-2

圖2-3   圖2-4

手橫壓肩與左手橫壓肩方法相同，唯手臂左右不同，每組練習50～100次。（圖2-3、圖2-4）

（3）下壓肩

練習者前後腳開步，面牆自然站立，右手臂側展於體右側，左手臂於體前向下伸展，掌心貼伏於牆體，接著身體重心前壓，左手臂內側及肩頭緊貼牆體，如此反覆進行下壓肩練習，目視前方。

右手下壓肩與左手下壓肩方法相同，唯手臂左右不同，每組練習50～100次。（圖2-5、圖2-6）

圖2-5

圖2-6

（4）後壓肩

練習者兩腳開步，背向牆體自然站立，左手臂向後伸展，掌心貼伏於牆體，右手臂自然下垂於體左側，接著屈身沉臀進行後壓肩練習，如此反覆進行，目視前方。

右手後壓肩與左手後壓肩方法相同，唯手臂左右不同，每組練習50～100次。（圖2-7、圖2-8）

圖2-7

圖2-8

（5）疊壓肩

練習者兩腳開步，面向牆體自然站立，右手臂自然下垂於體右側，左手臂橫置於胸前，手臂外側輕輕橫貼於牆體，接著身體重心前壓，用胸部疊壓手臂內側，使左手臂外側及肩頭緊緊地貼於牆體，如此反覆進行疊壓肩練習。

右手疊壓肩與左手疊壓肩方法相同，唯手臂左右不同，每組練習50～100次。（圖2-9、圖2-10）

圖2-9

圖2-10

2. 雙壓肩

（1）正壓肩

　　練習者兩腳開步，寬於肩位，面向牆體站立，兩手臂伸展上舉，兩掌掌心貼伏於牆體，接著身體重心前移，雙手臂及腋下緊緊地貼於牆體，挺胸突臀進行反覆正壓肩練習，頭稍上抬，目視上方。每組練習50～100次。（圖2-11、圖2-12）

圖2-11

圖2-12

（2）側壓肩

練習者兩腳開步，面向牆體站立，兩手臂左右打開，兩掌掌心貼伏於牆體，接著身體重心前壓，兩臂內側及胸部和右臉側緊緊地貼於牆體，挺身斂臀進行反覆側壓肩練習，目視左側方。每組練習50～100次。（圖2-13、圖2-14）

圖2-13

圖2-14

（3）後壓肩

練習者兩腳開步，背向牆體站立，左右手臂向後伸展，兩掌掌指向上，兩掌心貼伏於牆體，隨之屈膝沉臀立腰反覆進行後壓肩練習，目視前方。每組練習50～100次。（圖2-15、圖2-16）

圖2-15

圖2-16

（二）鎖肩功

練習者兩腳開步，自然站立，左手臂伸展橫擺於體前，右手臂屈肘鎖別於左臂肘關節處，雙臂卡鎖牢固，目視前方。每組1～3分鐘，左右手臂互換練習。（圖2-17、圖2-18）

圖2-17

圖2-18

（三）扳肩功

練習者兩腳開步，自然站立，左手臂屈肘向後上擺置於後背處，右手臂屈肘上舉，五指扣拉左肘肘尖處，接著向後靜力拉控1～3分鐘，左右手臂互換練習。（圖2-19、圖2-20）

（四）抱肩功

練習者兩腳開步，自然站立，兩膝微屈稍下蹲，兩手臂開展由外向內屈肘環抱左右肩頭，如此進行靜止抱控肩部練習，目視前方，每組練習1～3分鐘。（圖2-21）

圖2-19　　　　　圖2-20　　　　　圖2-21

（五）聳肩功

　　練習者兩腳開步，自然站立，兩手臂自然下垂於身體兩側，接著雙肩上提至極限，然後再回到自然位，如此反覆進行聳肩練習。每組練習50～100次。（圖2-22、圖2-23）

圖2-22

圖2-23

（六）晃肩功

練習者兩腳開步，自然站立，兩手臂自然下垂於身體兩側，接著左、右肩肩頭同時從上向下立圓晃動，如此立圓向前和向後進行晃肩練習。每組練習50～100次。（圖2-24至圖2-26）

圖2-24

圖2-25

圖2-26

（七）抖肩功

練習者兩腳開步，自然站立，兩手臂自然下垂於身體兩側，接著身體重心側移，左、右肩肩頭依次向左、右兩側抖出，如此反覆進行抖肩練習。每組練習50～100次。（圖2–27至圖2–29）

圖2–27　　　　　圖2–28　　　　　圖2–29

（八）沉肩功

練習者兩腳開步，自然站立，兩手臂自然下垂於身體兩側，接著兩掌向體前按掌，兩腿屈膝下蹲，身體重心下

圖2-30

圖2-31

降，隨著左右手掌的下按，左右肩也靜力下沉，進行靜力沉肩練習1～3分鐘。（圖2-30、圖2-31）

二、活肩功練習指導

（1）練習活肩功時，練習力度要因人而宜，以每個人能承受為宜，以防傷損。

（2）活肩功既可取單勢練習，也可以整體練習，在實際練習時要靈活應用。

（3）此套活肩功功法既可以作為練習拳術之前的熱身練習內容，也可當作練習拳術後的整理練習內容。

（4）所謂功法之成，實指逐日之功，不能一曝十寒，切記久練方能出奇功。

第二節　劈掛拳活臂功

一、活臂功動作說明

（一）掄臂功

練習者兩腳開步，自然站立，兩手臂自然下垂於身體左右兩側，右臂由下向後經上至下立圓掄臂，進行反覆練習，左手練習方法與右手練習方法相同，唯左右手臂不同。每組練習50～100次。（圖2-32至圖2-35）

圖2-32

圖2-33　　　　圖2-34　　　　圖2-35

圖2-36

圖2-37

圖2-38

（二）合臂功

練習者兩腳開步，自然站立，兩手臂自然下垂於身體左右兩側，兩手臂由下向前，兩掌直臂合擊於體前，同時雙膝微屈，身體稍下蹲，接著兩手由前向後直臂合擊於體後，如此反覆進行合臂練習，目視前方。每組練習50～100次。（圖2-36至圖2-38）

（三）開臂功

練習者兩腳開步，與肩同寬，兩腿微屈膝，兩手臂側展於身體左右兩側，接著，由下向上舉臂交叉於頭上方，

隨之左右手臂向身體兩側開臂分掌，兩掌下劈於左右大腿外側，如此反覆進行開臂練習，目隨視右掌方。

每組練習50～100次。（圖2-39至圖2-42）

圖2-39

圖2-40

圖2-41

圖2-42

（四）挑臂功

練習者左腳向前上一步，右腳腳跟拔離地面，上體自然挺立，兩手臂自然下垂於身體左右兩側，接著右臂、左臂依次向上由前向上至後立圓挑臂，如此反覆進行挑臂練習。每組練習50～100次。（圖2-43至圖2-46）

圖2-43

圖2-44

圖2-45

圖2-46

（五）蕩臂功

練習者左腳向前上一步，右腳腳跟拔離地面，上體自然挺立，左手臂由下向前至肩平，同時右手臂由下向後至肩平，兩手臂同時蕩起，接著身體左轉，左手臂由前經下至後與肩平，同時右手臂由後經下向前與肩平，兩手臂再次同時蕩起，如此反覆進行蕩臂練習。每組練習50～100次。（圖2-47至圖2-49）

圖2-47

圖2-48

圖2-49

（六）盤臂功

練習者兩腳左右兩側大開步站立，兩手臂側展於身體左右兩側，目視前方；接著兩腳蹬擰，身體左轉，右臂由右經下向左前方挑起，左手臂屈肘回護右臂內側，然後右臂繼續向上挑，左臂隨下擺體側，兩腳蹬擰，身體向右轉，左臂上擺，右臂下擺；身體重心左移，左腿屈膝下蹲成右仆步，同時右手由下經上至右腳內側拍地，左手向下擺至體左側，以腰為軸，立圓盤臂，進行反覆練習。每組練習 50～100 次。左勢和右勢方法相同，唯左右手臂相反。（圖 2-50 至圖 2-54）

圖2-50

圖2-51

圖2-52　　　　　　　　圖2-53

圖2-54

（七）擺臂功

　　練習者兩腳左右兩側大開步站立，兩腳蹬地，身體向左轉擰，同時兩手臂向左側平擺，接著左手臂屈肘，掌背反抽後背，右手臂屈肘，掌心橫拍左肩頭，如此反覆進行

擺臂練習，左勢和右勢方法相同，唯左右手臂相反。（圖
2–55至圖2–57）

圖2–55

圖2–56　　　　　　　　圖2–57

二、活臂功練習指導

（1）練習活臂功時要求手臂要舒鬆自然，肩靈腰活。

（2）活臂功練習時左右手臂要互換練習，均衡發展，不可偏頗。

（3）活臂功的立圓軌跡練習時，兩臂運行至上時要儘量貼緊耳朵，運行至下時要儘量貼緊胯部，否則不能成為立圓軌跡。

（4）活臂功中的圓形軌跡練習時，手臂要連貫順達，不能有中斷點。

（5）做活臂功練習時，雙手臂用力要力達手之梢節，以高效鍛鍊手臂。

（6）練習活臂功時呼氣要自然順暢，不可憋氣。

第三節　劈掛拳活腰功

一、活腰功動作說明

（一）圈腰功

練習者兩腳開步，自然站立，兩手臂自然上舉於頭上方，以腰為軸，由左向右平圓晃動腰部，如此反覆進行圈腰練習，此動作也可反向練習。每組練習50～100次。（圖2-58至圖2-60）

圖2-58

圖2-59

圖2-60

（二）涮腰功

練習者兩腳側開一大步，兩手十指交叉相扣，身體前俯，接著以腰為軸，雙手及上體由左向經後右平圓涮腰，如此反覆進行涮腰練習，此動作也可反向練習。每組練習50～100次。（圖2-61至圖2-64）

圖2-61

圖2-62　　　　　　　　　　　　圖2-63

圖2-64

（二）滾腰功

　　練習者右腳向前上一步成高位弓步，兩手臂與肩同寬，兩手前伸，接著以腰為軸，身體重心後移，身體後仰，兩手臂由下向上至胸前，然後兩手臂隨身體重心前

移，手臂和腰部同時立圓滾動，如此反覆進行滾腰練習。
每組練習50～100次。（圖2-65至圖2-68）

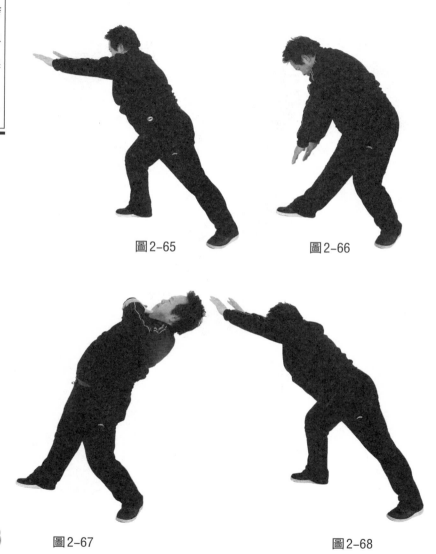

圖2-65　　　　　　　　　　　圖2-66

圖2-67　　　　　　　　　　　圖2-68

二、活腰功練習指導

（1）練習活腰功時，無論是平圓軌跡運行還是立圓軌跡運行，運轉都須連貫和順。

（2）上盤的兩手臂、中盤的腰部及下盤的雙腳三動配合，整體運動，協調一致，以提高腰功的練習效果。

（3）腰功練習時，練習幅度要由小至大，練習難度要由淺至深，循序漸進。

第四節　劈掛拳活胯功

一、活胯功動作說明

（一）轉胯功

練習者兩腳開步，身體自然站立，左右手卡於腰間，兩腳蹬地，身體向左轉胯，右腳腳跟拔離地面，腳掌著地，接著兩腳蹬撐，身體向右撐轉180°，左腳腳跟拔離地面，如此反覆進行轉胯功練習。每組練習50～100次。（圖2-69至圖2-71）

圖2-69

圖2-70

圖2-71

（二）裹胯功

練習者左腿支撐地面，右腿屈膝上提，左右手卡於腰間，接著右腿由外向內裹胯，如此反覆進行裹胯功練習。左勢和右勢方法相同，唯左右腿不同。每組練習50～100次。（圖2-72、圖2-73）

（三）開胯功

練習者直膝蹬地站立，左右手卡於腰間，左腿屈膝上提，接著左腿由內向外開胯，如此反覆進行開胯功練習。左勢和右勢方法相同，唯左右腿不同。每組練習50～100次。（圖2-74、圖2-75）

圖2-72

圖2-73

圖2-74

圖2-75

（四）甩胯功

練習者兩腳開步，自然站立，左右手卡於腰間，接著身體重心左移，同時向左甩胯，右腳腳掌蹬地，腳跟拔離地面，接著身體重心水平右移，同時向右甩胯，左腳腳掌蹬地，腳跟拔離地面，如此反覆進行甩胯功練習，目側視。每組練習50～100次。（圖2-76、圖2-77）

圖2-76

圖2-77

（五）沉胯功

　　練習者兩腳開步，自然站立，左右手卡於腰間，開胸收腹提氣，接著屈膝蹲身，向下進行沉胯練習，如此反覆進行沉胯功練習，目視前方。每組練習50～100次。（圖2-78、圖2-79）

圖2-78

圖2-79

二、活胯功練習指導

（1）單腳、雙腳支撐地面要扣趾抓地牢固，以保持身體平衡。

（2）練習活胯功時要細細體會腿之根節——胯的各種軌跡變化。

（3）胯功的練習對武功的提升起著很重要的作用，但胯功練習在各大拳種中是少有提及的練習內容，因此學練者須認真對待，不應忽視。

第三章
劈掛拳套路展示

第一節　劈掛拳的基本動作

一、手型

（1）**拳**：四指併攏，手指依次向內捲握，拇指壓在食指和中指的第二指節上。拳分為平拳、立拳兩種。拳體包括拳背、拳輪、拳眼、拳心等部分。

（2）**掌**：四指自然伸直，拇指與四指自然分開，掌心稍內含。掌分為俯掌、仰掌等。掌體包括掌心、掌背、掌根、掌外沿、虎口側等部分。

（3）**勾**：五指第一指節捏攏，手腕微屈，手心含空。勾分為上勾和下勾。勾體包括勾尖、尖頂、勾腕等部分。

二、步型

（1）**弓步**：一腿屈膝上步，大腿面平行地面，另一腿腳尖稍內扣，直膝蹬展，腳跟踏地。

（2）**雙弓步**：一腿屈膝上步，另一腿屈膝，腳跟拔離地面，腳掌蹬地。

069

（3）**馬步**：雙腿屈膝開步下蹲，稍寬於肩，大腿面平行地面，腳尖正向前方。

（4）**半馬步**：雙腿屈膝開步下蹲，稍寬於肩，大腿面平行地面，身體重心稍偏左或偏右，前腳腳尖稍外展。

（5）**仆步**：一腿屈膝下蹲，腳底踏平，另一腿直膝側展，腳尖內扣，腳底踏平。

（6）**虛步**：一腿屈膝下蹲，腳尖稍外展，另一腿向體前用前腳掌點地，身體重心落於後屈蹲腿上。

（7）**獨立步**：一腿直立，一腿屈膝上提，腳尖內扣。

（8）**點步**：身體自然直立，一腿腳尖稍外展，另一腿腳前掌點地。

（9）**蹲步**：兩腿併攏，屈膝下蹲。

（10）**跪步**：一腿向前屈膝下蹲，另一腿屈膝，膝部接近地面，腳掌蹬地，腳跟拔起。

（11）**併步**：兩腿直膝，雙腳併攏。

（12）**側虛步**：一腿屈膝下蹲，另一腿向體側用前腳掌虛點地面。

三、手法

（1）**劈掌**：手臂由上向下，揮臂劈擊，力達掌外沿或手臂前段。

（2）**掛掌**：手臂由直至屈，由下向上掛擊，力達掌的虎口側及小臂。

（3）**挑掌**：手臂由上向下，直臂揮擺挑擊，力達手

臂前段或虎口側。

（4）**撩掌**：手臂由下向前，直臂撩擊，力達掌心或掌背。

（5）**抽掌**：手臂直臂向內或向外，橫向抽打，力達掌心或掌背。

（6）**穿掌**：掌心向上，由腰間向前直臂穿擊，力達掌指。

（7）**撐掌**：手臂由曲到直，螺旋向外撐擊，力達掌根。

（8）**拍掌**：直臂由上向下，拍擊地面或腳面，力達掌心。

（9）**架掌**：一手臂或兩手臂屈肘，由下向上舉架於頭上方。

（10）**砍掌**：一手臂或兩臂向內或向外，平行砍擊，力達掌外沿。

（11）**摔掌**：手臂以肘或肩為軸，由內向外翻臂摔出，力達掌背。

（12）**彈掌**：手臂以腕關節為軸，小幅度地彈打，力達掌背。

四、步法

（1）**上步**：左腳或右腳向前上步。

（2）**退步**：左腳或右腳向後退步。

（3）**插步**：左腳或右腳經另一腳腳跟直線橫插步。

（4）**擰轉步**：以兩腳掌為軸，身體向左或向右擰

轉。

（5）**連環步**：左腳向前進步，右腳腳掌拖地跟步，接著左腳再向前進半步，右腳立即向前上一大步，隨之左腳腳掌拖地再立即跟半步。此步法可左右腳連環擊進。

（6）**行步**：左右腳依次弧形向前上步。

（7）**蓋步**：左腳或右腳經另一腳腳尖直線橫蓋步。

（8）**跳步**：一腳或雙腳蹬地，身體騰空移動。

第二節　劈掛拳動作名稱

第一段

預備式

1. 馬步雙開掌（推窗望月）

2. 弓步雙穿掌（仙童獻果）

3. 併步下按掌（元帥觀陣）

4. 提膝分掌（跨馬揚鞭）

5. 提膝連環手（亂點金鐘）

6. 雙弓步插掌（犀牛分水）

7. 左右單劈掌（挑天劈地）

8. 馬步彈掌（青龍探海）

9. 提膝劈掌（力劈華山）

10. 提膝穿掌（青龍出水）

11. 仆步穿掌（蒼龍伏地）

12. 虛步架穿掌（鷂子穿林）

13. 提膝雙撞掌（孤雁出群）

14. 連環挑劈掌（挑燈觀戰）

15. 騰空飛腳（飛龍升天）

16. 仆步壓打（就地取寶）

17. 馬步架推掌（力士推碑）

第 二 段

18. 前後抽掌（馬上加鞭）

19. 連環雙劈掌（三環套月）

20. 退步砍掌（隨風擺柳）

21. 連環雙劈掌（三環套月）

22. 掄臂拍掌（烏龍盤打）

23. 併步雙托掌（二龍吐鬚）

24. 提膝雙勾手（仙人揮塵）

25. 手花圈腿（跨馬搖旗）

26. 弓步架推掌（雄獅開口）

27. 蹲步撩陰掌（黑狗鑽襠）

28. 馬步撐掌（霸王開弓）

29. 蹲步掛推掌（夜叉探海）

第 三 段

30. 點步雙抱掌（懷中抱月）

31. 點步雙鞭拳（二郎擔山）

32. 獨立雙劈掌（雙峰臥月）

33. 連環擺打（橫插鐵門閂）

34. 回身彈掌（犀牛甩角）

35. 轉身挑掌劈拳（倒發烏雷）

36. 雙弓步穿掌（白蛇吐信）

37. 凌空雙劈掌（紫燕沖天）

38. 跪步雙撞掌（黑熊入洞）

第四段

39. 插步雙劈掌（三環套月）

40. 退步連劈掌（仙人摸面）

41. 前後捆打（銀蛇盤身）

42. 連環單劈掌（挑天劈地）

43. 連環三掌（立馬三箭）

44. 馬步架推掌（力士推碑）

45. 弓步砍掌（樵夫砍柴）

46. 弓步摔掌（玉女甩袖）

47. 扣腿合掌（金龍合鳳）

48. 弓步雙翻掌（大鵬展翅）

49. 蹲身分掌（麒麟獻書）

50. 虛步抖按掌（猛虎坐坡）

收 勢

第三節 劈掛拳套路動作說明

第 一 段

預備式

左右腳併步站立，兩手臂下垂於身體左右兩側，兩肩沉墜，上體舒鬆自然，目視前方。（圖3–1）

【要點】呼吸自然，意念專守，周身自然。

圖3-1

1. 馬步雙開掌（推窗望月）

【動作說明】左右手上提至腰間，身體右轉90°，右腳向前上步屈膝下蹲成斜馬步，同時雙掌於體前十字交叉向前推手，隨之向左右兩側分掌推出，目視前方。（圖3-2至圖3-4）

【要點】轉身出腳協調，推掌、分掌連貫，分掌時身體稍下沉，腰隨右轉，左、右手手指朝天，掌心向外。

圖3-2

圖3-3

圖3-4

2. 弓步雙穿掌（仙童獻果）

【動作說明】上體左轉，左腳蹬地向前上步成弓步，同時左右手臂屈肘回收腰間，隨之同時向體前穿出，左右手臂與肩同寬，手指向前，掌心向上，目視前方。（圖3–5）

【要點】移步、穿掌相合一體，蹬地轉腰發力，力達雙手手指，雙肘微屈。

圖3-5

3. 併步下按掌（元帥觀陣）

【動作說明】右腳蹬地向前上步成併步，同時左右手臂屈肘回拉，下按掌於身體兩側，左、右掌位於腰身兩側，目轉視左方。（圖3–6）

【要點】左、右腳腳趾抓地，身體穩健，按掌快速有力，力達雙掌，轉頭變臉，凝神側注，雙眼要有神氣。

圖3-6

4. 提膝分掌（跨馬揚鞭）

【動作說明】左腳腳尖外展向
體前蓋步，右掌在下左掌在上於體
前合抱掌，同時身體下坐，接著右
腳向體前上步，同時上體右轉，左
腿屈膝側提，左、右手臂前後打
開，且上體側傾，目視左手方。
（圖3-7、圖3-8）

圖3-7

【要點】左、右手臂抱掌協
調，上步提膝快速，左、右手臂開展與左小腿回掛形成爭
力，右腳扣趾抓地穩固。

正面　　　　　　　　側面

圖3-8

5. 提膝連環手（亂點金鐘）

【動作說明】左腳向前落步，身體重心前移，同時左掌回收腰間，右掌由後向前平砍，高與臉，接著右腿屈膝上提，雙手變拳，右拳回收腰間，左拳直臂橫貫於面前，隨之右腿下落，左腿屈膝上提，雙拳變掌，左掌回收腰間，右掌直臂向前穿出，高與臉，目視右掌方。（圖3-9至圖3-11）

【要點】落步及左右提膝疾進連環，砍、貫、穿三個連環手法要一氣呵成，擰腰探臂發力，恰似游龍纏身，連環手力達掌外沿、拳背及掌指三個不同的部位。

圖3-9

側面　　　　　　　　　正面

圖3-10

正面　　　　　　　　　側面

圖3-11

6. 雙弓步插掌（犀牛分水）

【動作說明】左腳向左側落步成雙弓步，上體左轉，同時右手臂屈肘回收腰間，隨之雙手臂前後分插掌，目視左掌方。（圖3-12）

【要點】左、右手手掌前後分插一致，雙臂沉肩送肘發力，力達指尖，擰腰切胯，屈膝扣趾，身體沉穩。

圖3-12

7. 左右單劈掌（挑天劈地）

【動作說明】左手臂屈肘回護於胸前，右手臂直臂回掛於體前，身體隨向右轉擰，右手臂由下向上掄擺，左手臂隨擺體後，接著雙腳蹬擰地面，上體繼續右轉，右臂向下摟擺，左臂向上挑擺，雙臂立圓運行，然後沉身含胸，

左臂下劈至右大腿外側，右臂屈肘上掛至左耳側，目視前
方。（圖3-13至圖3-16）

圖3-13

圖3-14

圖3-15

側面

正面

圖3-16

　　雙腳蹬撑地面，身體向左轉，左手臂由下向上掄擺，右手臂隨擺體後，接著雙腳蹬撑，上體繼續左轉，左臂向下摟擺，右臂向上挑擺，雙臂立圓運行，然後沉身含胸，右臂下劈至左大腿外側，左臂屈肘上掛至右耳側，目視前方。（圖3-17至3-19）

　　【要點】左、右單劈掌擰腰切胯，含胸弓背發力，力達雙手臂，快速連貫，擰腰扣膝，轉步沉穩，下劈上掛，雙臂合力抱緊，身體開合明顯，雙手臂要體現出放長擊遠的特點。

圖3-17　　　　　圖3-18

側面　　　　　　正面

圖3-19

8. 馬步彈掌（青龍探海）

【動作說明】右腳向前上步成偏馬步，左手屈肘回收腰間，右手直臂向前彈掌，接著左腳向右腳後墊步，右腳隨之向前上步成偏馬步，同時左掌屈肘回護胸前，右掌下擺至體前，然後，左手臂再次屈肘回收腰間，右手直臂再次向前彈掌，目視掌方。（圖3-20至圖3-22）

圖3-20

【要點】以步催身，以身助力，力達手背，右手彈掌連貫。

圖3-21

圖3-22

9. 提膝劈掌（力劈華山）

【動作說明】左腳蹬地向前上步，身體向右轉，右手臂直肘掄擺，左手臂隨擺體後，接著右腿屈膝上提，左掌由後向前直臂劈出，同時右掌拍擊左小臂，目視前方。（圖3-23、圖3-24）

【要點】蹬地轉身敏捷，提膝劈掌合一，左手臂下劈與右手臂上托形成合力，送肩探背發力，力達左掌。

圖3-23

圖3-24

10. 提膝穿掌（青龍出水）

【動作說明】右腳向體後落步，左掌屈肘回收腰間，右掌由外向內弧形壓掌於頭前方，接著右腿屈膝上提，身體稍右轉，左掌經右掌背由下向上穿出，掌心向上，同時右掌屈肘回拉於左胸前，掌心向外，目視左掌方。（圖 3–25、圖3–26）

【要點】撤步按掌協調一致，蹬地轉腰發力，力達掌指尖，支撐腳穩固。

圖3–25

圖3–26

11. 仆步穿掌（蒼龍伏地）

【動作說明】右腿向身體右側直膝鏟出，左腿屈膝下蹲成仆步，同時右掌直臂向下穿插於右腳處，左臂隨擺體後，目轉視右掌方。（圖3-27）

【要點】右腿直膝，腳尖內扣，如一繃簧；左腿屈膝，腳尖稍外撇，如一折簧。沉臀屈胯，左、右手臂成一直線，上體含胸微前傾。

圖3-27

12. 虛步架穿掌（鷂子穿林）

【動作說明】左腳蹬地，身體右轉向前上步成左虛步，同時右手臂屈肘上架於頭上方，左手臂由後向前穿出，高與頭位；右腳蹬地，身體左轉向前上步成右虛步，同時左手臂屈肘上架於頭上方，右手臂向前穿出，高與頭位，目視右掌方。（圖3–28、圖3–29）

【要點】左、右架穿掌以腰為軸，靈活快變，左、右移腳成虛步時前腳腳底踏實。

圖3–28

圖3–29

13. 提膝雙撞掌（孤雁出群）

【動作說明】右腳蹬撐，身體向左轉180°，同時左腿屈膝上提，雙掌合抱於胸前，手指相對，掌心向外撐推，雙手臂微屈肘，目視前方。（圖3-30）

【要點】左腿屈膝，繃腳護襠，與雙掌前推相合一致，含胸裹臂發力，力達雙掌。

側面　　　　　　　　　　　　　　　　　正面

圖3-30

14. 連環挑劈掌（挑燈觀戰）

【動作說明】身體左轉180°，左腳向前落步，同時右掌直臂由下向上挑起，左手臂屈肘回護胸前，接著右腳向

前蓋步，右掌由前向後直臂劈出，左臂隨擺至體左側，目隨視右掌方。此動作連續做兩次。（圖3-31至圖3-34）

【要點】移步與挑劈掌相合連貫，以肩為軸，活肩運臂，連貫快猛，力達右掌。

圖3-31

圖3-32

圖3-33

圖3-34

15. 騰空飛腳（飛龍升天）

【動作說明】右腳蹬地，左腿屈膝上提，身體騰空，左手臂側擺於體側，同時右腿直膝繃腳向體前踢出，且右掌向下拍擊右腳面，目視前方。（圖3-35至3-37）

【要點】蹬地有力，騰空高飄，頂頭提氣，拍擊準確、響亮。

圖3-35

圖3-36

（1）

（2）

圖3-37

16. 仆步壓打（就地取實）

【動作說明】左、右腳依次落地成右仆步，右掌由上向下在右腳處拍擊地面，左掌隨擺至體後，目視右掌方。（圖3-38）

【要點】雙腳扣地，斂臀沉胯，俯身折腰，擺臂發力，力達右掌。

背面

正面

圖3-38

17. 馬步架推掌（力士推碑）

【動作說明】左腳蹬地，身體右轉180°，雙腿屈蹲成馬步，同時右掌屈肘上挑架於頭上方，左掌屈肘回腰後向體左側直臂推出，目視左掌方。（圖3-39）

【要點】蹬地轉腰發力，架推掌內含撐勁，立腰沉胯，雙腳腳趾扣趾抓地，身形穩健。

圖3-39

第 二 段

18. 前後抽掌（馬上加鞭）

【動作說明】雙腳蹬撐地面成雙弓步，身體左轉，右

手由上向前直臂扇掌，同時左臂屈肘，左掌回擊於右小臂內側，目視前方；接著左腳經右腳內側向身後撤步，右腳腳跟落地，腳尖稍外展成插步，同時身體向右後方轉擰，右手臂直臂向後抽擊，左掌屈肘上架於頭斜上方，目轉視右掌方。（圖3-40、圖3-41）

【要點】活肩鬆臂，擰腰轉胯發力，力達右掌，移步與掌打前後一致，相合一體，快速連貫。

圖3-40

圖3-41

19. 連環雙劈掌（三環套月）

【動作說明】雙腳蹬撐地面，身體左轉，雙手臂由下向上舉架於頭上方，左、右腿自然站立成開步，接著右腳向後點插步，同時雙手臂由上向下劈擊至左、右大腿外側，目隨手動，此動作連續做兩次。（圖3-42至圖3-44）

【要點】雙手臂舉架、下劈同動一致，移步與掌法協調一致，發力時沉肩、墜臂與頂頭形成上下爭力，力達雙掌。

圖3-42

圖3-43

圖3-44

20. 退步砍掌（順風擺柳）

【動作說明】身體右轉90°，左腳稍向後退步，左掌由下向體前平砍掌，同時右掌隨擺體後，接著右腳向後退步，右掌向體前平砍，左掌隨擺體後，目視掌方。（圖3-45、圖3-46）

【要點】左右退步連環，蹬地轉腰，甩臂發力，力達掌外沿，砍掌高與脖頸處。

圖3-45

圖3-46

21. 連環雙劈掌（三環套月）

【動作說明】雙腳蹬撐地面，身體右轉，雙手臂由下向上舉架於頭上方，左右腿自然站立成開步，接著左腳向後點插步，同時雙手臂由上向下劈擊至左右大腿外側，目隨手動，此動作連續做兩次。（圖3-47至圖3-49）

【要點】雙手臂舉架、下劈同動一致，移步與掌法協調一致，發力時沉肩、墜臂與頂頭形成上下爭力，力達雙掌。

圖3-47

圖3-48

圖3-49

22. 掄臂拍掌（烏龍盤打）

【動作說明】身體左轉，右腳側開步，右手直臂向前挑掌，左手隨屈肘回護體前，接著身體向右轉，右手臂由前向後掛劈，左掌隨擺體後，身體繼續向右擰轉，右手臂向體後下擺，左手向上挑劈，然後，身體向左轉擰，右臂由後至上向下於右腳處拍擊地面，同時左臂向下隨擺至體後，左腿屈膝成右仆步，目視右掌方。（圖3-50至圖3-53）

【要點】雙臂直掄走立圓軌跡，上掄臂貼耳，下擺臂貼胯，鬆肩活臂，力貫雙手。以腰為軸擰轉，快速連貫，快如車輪，疾如暴雨。

圖3-50

圖3-51

圖3-52

圖3-53

23. 併步雙托掌（二龍吐鬚）

【動作說明】左腳蹬地落於右腳內側，身體上挺成併步，同時雙掌由左右兩側同下向上向體前托起，高於頭位，寬與肩位，目視雙掌。（圖3-54）

【要點】起身併步快速，托掌有力，力達掌心，斂臀收腰，蹬地拔身。

圖3-54

24. 提膝雙勾手（仙人撢塵）

【動作說明】右腳向前上一步，左腿屈膝上提，同時雙掌同旋由上向下拍擊左右大腿面，後變勾擺至體後，目視前方。（圖3-55）

【要點】上步提膝疾速，雙掌拍擊大腿面響亮，左右勾手屈腕上頂，身體稍向前傾，支撐腳抓地穩固。

正面

側面

圖3-55

25. 手花圈腿（跨馬搖旗）

【動作說明】左腳下落體前，雙手由後向體前十字搭手，手腕相貼，右手在上，左手在下，同時右腿直膝扣腳弧形向裡擺踢，手花隨向裡翻擰一周，身體左轉360°，目隨視。（圖3-56、圖3-57）

【要點】手腿齊動一致，蹬地轉腰發力，左腳腳掌碾地，腳跟拔離地面，轉頭擰肩，起腿高與面，雙手高與頭。

圖3-56　　　　　　　　　　圖3-57

26. 弓步架推掌（雄獅開口）

【動作說明】右腳向前落步成右弓步，同時左掌屈架於頭上方，右掌直臂向前推出，目視右掌方。（圖3-58）

圖 3-58

【要點】蹬地擰腰發力，力達雙掌，意氣力相合，上體稍前傾。

27. 蹲步撩陰掌（黑狗鑽襠）

【動作說明】右腳蹬地，身體左轉180°，右腳上步於左腳內側成並蹲步，同時右掌由下向前撩擊於體前，左手臂屈肘下按右手臂內側處，目視掌方。（圖3-59）

【要點】轉身快敏，蹲步沉穩，轉腰甩臂發力，力達右掌，左臂拍擊右臂響亮。

圖 3-59

圖3-60

28. 馬步撐掌（霸王開弓）

【動作說明】右腳後撤步，上體右轉，雙腳蹲變成馬步，同時右掌向內旋腕抓握變拳，屈肘後撐至體右側，同時左掌直肘橫推於體左側，目視左掌方。（圖3-60）

【要點】右拳後拉與左掌側推形成爭力，左撐掌內含螺旋勁力，扣趾立腰，馬步沉穩。

29. 蹲步掛推掌（夜叉探海）

【動作說明】雙腳蹬擰地面，身體右轉，左掌向下掛掌，右拳變掌屈肘護於左臂內側，隨之身體左轉，左掌上擺，右臂隨擺體後，左臂隨擺體前，右腳上步於左腳內側震踏成併蹲步，同時右掌向體前直臂推擊，上體稍前傾，

左手臂隨擺體後，目視右掌方。（圖3-61至圖3-63）

【要點】左掛掌、右推掌以腰為軸，連動一致，震腳蹲步，沉氣發力，力達右掌，雙臂開展。

圖3-61

圖3-62　　　　　圖3-63

第 三 段

30.點步雙抱掌（懷中抱月）

【動作說明】雙腳蹬地，上體直立，左腳掌向前點地成點步，同時雙手臂屈肘由外向內合抱於胸前，左掌在內，右掌在外，目視前方。（圖3-64）

【要點】蹬地起身與雙臂回抱連貫一致，周身中正，開肩墜肘。

圖3-64

31. 點步雙鞭拳（二郎擔山）

【動作說明】右腳向前上步，腳跟拔離地面成右點步，同時雙掌變拳由體前至身體兩側直臂鞭打，手臂高與肩位，目轉視右拳方。（圖3-65）

【要點】點步輕靈，鞭拳同打一致，立腰甩臂發力，力達左右拳背。

圖3-65

32. 獨立雙劈掌（雙峰臥月）

【動作說明】右腳踏實，左腳屈膝上提成獨立勢，同時雙拳變掌上舉於頭上方，由上至下立圓直臂掄劈一周，雙手臂緊貼兩耳與兩胯，目視前方。（圖3-66至圖3-69）

【要點】左腳尖扣繃，右腳支撐抓地穩固，左右劈掌同動一致，鬆肩甩臂發力，力達雙掌外沿。

圖3-66

圖3-67

圖3-68

圖3-69

33. 連環擺打（橫插鐵門閂）

【動作說明】左腳向前上步，身體稍左轉，同時右手臂向前弧形貫打，左手臂隨擺體後，接著右腳向前上步，身體稍右轉，左手臂向前弧形貫打，右手臂隨擺體後，目隨視前方。（圖3–70、圖3–71）

【要點】上步連環與雙手臂貫打形成一體，轉腰甩臂發力，力達左右手的虎口處，左右手臂要內含磨盤勁，步到手到，整合一體。

圖3–70

圖3–71

34. 回身彈掌（犀牛甩角）

【動作說明】左腳向前上步，右腳腳掌蹬地，腳跟拔離地面，身體向左後方轉擰，左手臂屈肘向後發彈抖掌，同時右手臂屈肘上架於頭斜上方，目轉視左掌方。接著，右腳向前上步，左腳腳掌蹬地，腳跟拔離地面，身體向右後方轉擰，右手臂屈肘向後發彈抖掌，同時左手臂屈肘上架於頭斜上方，目轉視右掌方。（圖3-72、圖3-73）

【要點】上步轉腰發力，連貫快猛，力達掌背，左右手腕發力時要突頂。腳向前的蹬踩之力與手向後的彈抖之力形成爭力。

圖3-72 　　　　　　　　　　圖3-73

35. 轉身挑掌劈拳（倒發烏雷）

【動作說明】左腳向前上步，左手臂直臂向前挑掌，右手臂隨擺體右側，隨之右腳向前上步，身體向左轉擰180°，左手臂隨轉身向上挑擺，右手臂由下向上隨擺，接著左腳後撤步，身體再次左轉180°，右腳掌蹬點地面，腳跟翹起，左腿屈膝

圖3-74

成側虛步，同時右手變拳直臂向下劈擊至右膝外側處，左掌回護右胸前，目視拳方。（圖3-74至圖3-76）

圖3-75

圖3-76

右腳向前上步，右手臂直臂向前挑掌，右手臂隨擺體右側，隨之左腳向前上步，身體向右轉撐180°，右手臂隨轉身向上挑擺，左手臂由下向上隨擺，接著右腳後撤步，身體再次右轉180°，左腳掌蹬點地面，腳跟翹起，右腿屈膝成側虛步，同時左手變拳直臂向下劈擊至左膝外側處，右掌回護左胸前，目視拳方。（圖3-77至圖3-79）

圖3-77

圖3-78

圖3-79

【要點】左右手臂運行走立圓，移步轉身走平圓，兩圓相合，協調一致，移步轉身靈敏、平穩，活肩鬆臂，挑掌、劈拳一氣呵成，劈拳力達拳輪。

36. 雙弓步穿掌（白蛇吐信）

【動作說明】雙腳蹬撐，身體向左轉成雙弓步，左拳變掌向內弧形壓掌，右掌經左掌背向體前穿插，掌心向上，掌指朝前，目視掌方。（圖3-80）

【要點】蹬地轉腰，撐胯送肩發力，力達掌指，左手下壓與右手前穿形成十字勁，穿掌高與臉位。

圖3-80

37. 凌空雙劈掌（紫燕沖天）

【動作說明】右腳向前橫蓋步，左腳掌蹬地，雙手臂由上向身體兩側分臂揮擺，上體稍右轉，雙腳蹬地，身體凌空，雙手隨下劈至大腿外側，目視右方。（圖3-81至圖3-83）

【要點】雙手臂下劈圓活有力，蹬地騰身高飄，頂頭拔身，提氣甩臂，力達雙掌。

圖3-81

圖3-82

圖3-83

圖3-84

38. 跪步雙撞掌（黑熊入洞）

【動作說明】雙腳落地，左腳向前跨步，雙腿屈蹲成跪步，左掌屈肘在頭上方，右掌在下於體前方，雙肘微屈向體前推撐，左掌橫掌，右掌豎掌，目視前方。（圖3-84）

【要點】屈膝跪步與雙掌推撐要有周身的整勁，轉腰撐胯，力達雙掌，意氣力相合。

115

第四段

39. 插步雙劈掌（三環套月）

【動作說明】兩腳蹬地，身體右轉站立，兩手臂由下向上交叉上舉，右手在外，左手在內，接著左腳向後插步，雙掌直臂向身體左右兩側下劈掌至大腿外側，目視右方。左腳側開步，兩手臂由下向上交叉上舉，左手在外，右手在內，接著右腳向後插步，雙掌直臂向身體左右兩側下劈掌至大腿外側，目視左方。（圖3-85至圖3-88）

【要點】插步靈活，雙劈掌連動快速，鬆肩活臂發力，力達雙手。

圖3-85　　　　　　　　　　圖3-86

圖3-87

圖3-88

40. 退步連劈掌（仙人摸面）

【動作說明】上體稍左轉，右腳後叉步，右掌向體前下方插掌，左手屈肘回護右肘處，隨之左腳向後插步，同時上體向後轉，左掌屈肘上架於頭上方，右掌直臂向身後劈出；呈上，右腳後撤步，右手由後向前挑掌，左手臂屈肘回護右臂內側，接著左腳向後插步，同時上體向後轉，左掌屈肘上架於頭上方，右掌直臂向身後劈出，目隨視右掌方。（圖3-89至圖3-92）

【要點】移步連貫快速，劈掌以腰為軸發力，左右手臂和合自然，右掌連劈活如車輪，快似疾風。

117

圖3-89 　　　　　　　　圖3-90

圖3-91 　　　　　　　　圖3-92

41. 前後捆打（銀蛇盤身）

【動作說明】右腳後撤成
左弓步，同時左手臂下擺於體
左側，右臂隨擺體右側，接著
雙手臂由外向內屈肘拍擊左右
肩頭，左掌在上，右掌在下，
然後雙腳蹬地，上體向右轉
180°成右弓步，同時雙手臂開
展於體兩側，接著左腳向前上
步成左弓步，雙手臂由外向內
屈肘拍擊左右肩頭，右掌在
上，左掌在下，目視前方。（圖3-93至圖3-96）

圖3-93

【要點】手臂開合順暢，含胸收腹發力，力達雙掌。

圖3-94　　　　　　　　　　圖3-95

圖3-96　　　　　　　　圖3-97

42. 連環單劈掌（挑天劈地）

【動作說明】兩腳蹬地
身體向右轉擰，雙手臂打
開，右手臂由上向下回掛，
左手臂屈肘回護右臂內側，
身體稍左轉，雙腳蹬擰地
面，右手臂向上挑擺至體右
側，左手臂隨擺體後，接著
身體向右擰轉成雙弓步，左
手臂由後向上至體右側劈

圖3-98

出，右掌屈肘上掛於左臉側；右劈掌與左劈掌方法相同，
方向相反，此動作原地擰轉步，劈掌共做三次。目隨視劈
掌方。（圖3-97至圖3-106）

圖3-99

圖3-100

圖3-101

圖3-102

圖3-103

圖3-104

圖3-105

圖3-106

　　雙腳擰轉，身體向左轉，左手臂上擺，右手臂隨擺體後，接著左腳向外擰轉，身體繼續左轉180°，右腿屈膝腳面貼扣於左膝窩處，雙手臂隨擺開展，然後身體稍左轉，右腳落步，右手臂由上向下回掛，左手臂屈肘回護右臂內側；身體向右轉，同時右手臂由上至下擺至體右側，左手臂隨擺體後，接著雙腳蹬擰地面成雙弓步，左手臂由後向上至體右側劈出，右掌屈肘上掛於左臉側；右劈掌與左劈掌方法相同，方向相反，此動作原地擰轉步，劈掌共做三次，目隨視劈掌方。（圖3–107至圖3–117）

圖3–107

圖3–108

圖3-109

圖3-110

圖3-111

圖3-112

【要點】左右手臂劈掛舒暢自然，連貫快速，擰腰切胯，含身拔背，甩臂探背發力，力達雙手，雙腳蹬撐時靈活穩健。

圖3-113

圖3-114

圖3-115

圖3-116

125

43. 連環三掌（立馬三箭）

【動作說明】左腳向前上步成雙弓步，身體稍左轉，左掌、右掌依次穿戳掌於面前，同時另一手臂屈肘回收腰間，接著雙腳蹬擰地面，身體向右後擰轉180°，同時右手向體前彈抖掌，同時左手臂屈肘回收腰間，目視掌方。（圖3-118至圖3-120）

【要點】雙腳蹬擰穩健，三掌連環，一氣貫通，擰腰轉胯，送肩發力，力達指尖及掌背。

圖3-117

圖3-118　　　　　　　　　　圖3-119

圖3-120

圖3-121

44. 馬步架推掌（力士推碑）

【動作說明】右腳蹬地向體後撤步，雙腿屈蹲成馬步，上體右轉，同時右手屈肘上架於頭上方，左手直臂向體左側推出，目視左掌方。（圖3-121）

【要點】移步快速，架推掌相合一體，立身領頭，轉腰發力，力達雙掌。

127

45. 弓步砍掌（樵夫砍柴）

【動作說明】左腳蹬地向體前上步成左弓步，同時右掌直臂由外向內平砍於面前，且左掌屈肘迎擊右臂外側，目視前方。（圖3-122）

【要點】左右手臂迎擊響亮，蹬地轉腰，甩臂發力，力達雙手，上體稍前傾，步到手到，發力快猛，合擊準確，含胸收腹斂臀。

46. 弓步摔掌（玉女甩袖）

【動作說明】雙腳蹬撐地面，身體向右後轉180°，同時右手臂直臂由左向右摔掌，掌心朝上，高與頭位，左掌隨擺體側，掌心朝上，目視右掌方。（圖3-123）

圖3-122　　　　　　　　　　圖3-123

【要點】擰轉身平穩、快速，轉腰開肩甩臂發力，力達右掌背，雙手臂成一直線。

47. 扣腿合掌（金龍合鳳）

【動作說明】右腳蹬地，身體左轉，右腳面回扣於左膝窩處，同時右手臂由右向左立掄至體前與左手合擊，高於頭位，目視雙掌方。（圖3–124、圖3–125）

【要點】轉身、扣腿、合掌三動合一，合擊掌準確、有力，扣腿擰身與左腳扣趾抓地協調沉穩。

圖3–124　　　　　圖3–125

48. 弓步雙翻掌（大鵬展翅）

【動作說明】身體向右後轉，右腳下落步成右弓步，同時雙手臂內旋，雙掌反撩於身體左右兩側，上體稍前

圖3-126

圖3-127

傾，目轉視右手方。（圖3-126）

【要點】轉身蹬地有力、快速，翻掌同動一致，撐肩裹臂發力，力達雙掌。

49. 蹲身分掌（麒麟獻書）

【動作說明】雙腳蹬撐地面，身體左轉180°，雙手臂屈肘，雙掌交搭於面前，接著右腳上步於左腳內側成併步，雙手平圓撐轉手花一周，同時雙腳掌碾地，身體向左旋轉360°，接著雙腳蹬地，雙膝稍屈，身體下沉，同時左手臂由內向外水平分掌，手心朝上，右手臂屈肘下按掌於體右側，目視左掌方。（圖3-127至圖3-129）

【要點】轉身手花撐轉圓潤、自然，蹲身分掌協調一致，屈膝扣趾抓地，身體穩健。

圖3-128

圖3-129

50. 虛步抖按掌（猛虎坐坡）

【動作說明】右腳向
身體右斜前方上步，同時
上體稍右轉，左掌直臂平
砍於體前，右掌回收腰
間，接著左腳向體前上
步，腳掌點地成左虛步，
同時腰向左轉，左手下按
於體左側，右掌直臂抖擺
於體前方，目轉視左方。
（圖3-130、圖3-131）

圖3-130

圖3-131

圖3-132

【要點】移變虛步輕靈快速，抖按掌活腰發力，力達雙掌，雙目轉視乾脆有神。

收 勢

【動作說明】左腳向前上步，雙掌由外向內平砍於體前，掌心向上，接著雙腳蹬地，身體向右後擰轉，同時雙掌由內向外至斜下方平砍掌；雙手由下向上雙托掌，目視右掌方，右腳蹬地向左腳內側落腳成併步，同時雙掌由上向下按掌於體兩側，左右肘關節微屈，目轉視左方，雙手下落體側，目隨之轉視前方。（圖3-132至圖3-136）

【要點】左右手臂運行協調一致，舒鬆自然，併步下按掌轉頭快脆有神。

圖3-133

圖3-134

圖3-135

圖3-136

圖3-137

抱拳禮。（圖3-137）

第四章
劈掛拳技擊解招

第一節　劈掛拳實用戰例解析

解析1：

雙方交手，對手在我體側猛踢左彈腿攻擊我側肋，我併步左閃身，用右掌下按其來腿腳面，破化對手進攻，目視右手方。（圖4-1）

【要點】併步回閃快疾，按掌準確有力，我上體稍前傾以助掌力。

圖4-1

解析2：

雙方交手，對手突然上步用左右手連發貫拳貫打我頭部，我左腳後撤，身體稍下蹲，疾用雙掌分擋，破化對手進攻，接著借對手回抽雙手之際，我身體重心前移，連發雙穿掌穿擊對手的雙眼，重傷對手，目視掌方。（圖4-2、圖4-3）

【要點】雙掌向外分擋有力、及時、準確，雙穿掌變換突然，力達雙掌指端。此招應用時要注意身法前後的變化。

圖4-2

圖4-3

解析3：

雙方交手，我突然前蓋左腳，左右掌上下合打對手的面部和心窩，重傷對手，目視掌方。（圖4-4、圖4-5）

【要點】

蓋步與雙掌連打配合一致，合肩抖臂，力達雙掌掌心。此招體現出了先下手為強、敢字當先的技擊理念。

圖4-4

圖4-5

解析4：

雙方交手，對手突然墊步進身起左高踹腿狠踢我頭部，我快動應變，上體側倒，左腳支撐地面，右腿屈膝橫提上攔，破化對手腿攻，同時雙手臂分展體兩側，目視對手。（圖4-6）

【要點】倒身抬膝及時、快速，屈膝翻胯發力，力達小腿外側。此招法體現出以橫破直的技擊精髓。

圖4-6

解析5：

雙方交手，對手突然上左步用左手扇掌抽打我面部，我快動應變，前腿屈膝上提，右手臂屈肘外擋對手來掌，同時發左手反臂貫拳狠打對手的頭側；接著右腳下落步，左腿屈膝上提，左拳變掌回拉體前，右拳變掌直臂向前穿擊對手的咽喉要害，目視對手。（圖4-7、圖4-8）

【要點】蹬地擰腰發力，力達拳面與掌指。此招突出了防打一體、招式連環的技擊特點。

圖4-7

圖4-8

解析6：

雙方交手，對手移步轉身快發右鞭拳攻打我頭部，我借招變勢，身體下蹲成雙弓步閃躲對手的拳攻，同時連發右插掌插擊對手的側肋，左手隨擺體側，目視右掌方。（圖4-9）

【要點】蹲身閃化及時，擰腰送肩發力，力達手指。

圖4-2

解析7：

雙方交手，對手突然用左直拳搶打我面門，我左臂上擺向外擋攔來拳，隨即翻腕向下抓拉對手來拳手腕，連發右劈掌狠擊其頭頸要害，重傷對手。（圖4-10、圖4-11）

圖4-10

圖4-11

【要點】外擋、拉腕緊密相連，蹬地轉腰，俯身揮臂發力，力達掌外沿。

解析 8：

雙方交手，對手進身搶發左擺拳攻打我頭側，我借招變勢，右臂由內向外攔擋來拳，接著上體轉搾，快發左劈掌狠劈對手的面門，目視左掌方。（圖4–12、圖4–13）

圖4–12

圖4–13

【要點】擋臂防手與劈掌進攻要一氣呵成，蹬地擰腰送肩發力，力達左掌外沿。

解析9：

雙方交手，對手突然起右蹬腿蹬踢我心窩要害，我借勢沉身蹲步，快發右劈掌由上向下劈擊對手來腿，同時左掌屈肘回護臉側，目視右掌方。（圖4-14）

【要點】劈擊來腿準確，俯身弓背發力，力達右掌外沿及小臂外側。

圖4-14

解析10：

雙方交手，我突然上左步快發右劈掌劈擊對手的面部，對手側閃左步，上體側倒閃化我掌攻，接著我連上右腳快發右彈掌狠擊對手的心窩要害，重傷對手，目視掌方。（圖4-15、圖4-16）

圖4-15

圖4-16

【要點】右手臂劈掌、彈掌連動快速，步法、掌法相合一體，突出「步到手到人難防」的技擊要義。

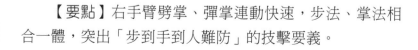

解析11：

雙方交手，對手從我背後抓拉我衣領欲施打擊，我急速左轉身，左腿屈膝上提，同時左手上托對手右手臂肘關節處，右掌向下猛劈其面部，重傷對手，目視右掌方。（圖4-17、圖4-18）

【要點】

俯身掄臂發力，力達右掌。轉身要借對手拉扯之力，左掌托抓對手右手臂，意在防止其逃脫。

圖4-17

圖4-18

解析12：

雙方交手，對手用右直拳攻打我胸部，我快變用右手向下拍攔來拳，隨之身體右轉，左掌由下向上穿插對手的雙眼，同時右腿屈膝上提，重傷對手，目視掌方。（圖4-19、圖4-20）

【要點】

左手經右手背穿出，蹬地轉腰發力，力達手指，左腳扣趾抓地牢固。

圖4-19

圖4-20

解析13：

雙方交手，對手突然快起左裡合腿踢擊我頭部，我快動應變，左腳後撤，上體側倒閃化對手的腿攻，同時雙手臂側展，目視對手。（圖4-21）

【要點】閃步蹲身及時，雙臂側展保持身體平衡。此招是防守類技法中最高明的招式之一，這種分離式的防守招法，在實戰時若運用成功，不會對自己造成任何損傷。

圖4-21

解析14：

雙方交手，對手用右劈拳砸擊我頭部，我隨用左掌屈肘上架來拳，同時發右穿掌穿擊對手的咽喉要害，重傷對

圖4-22

手，目視右掌方。（圖4-22）

【要點】接招時我身體重心後移，擰腰蹬地穿掌，力達指端，左、右掌攻防一體，不可脫節。

解析15：

雙方交手，對手進身用雙手纏抱我欲施摔技，我順勢用左腿回掛對手的前支撐腿，同時雙手向前撐推對手的面部，致使對手失衡倒地，受到重創，目視對手。（圖4-23、圖4-24）

圖4-23

【要點】借勁變招突然，腿向後方發力，手向前方推撐，上下用力，形成前後爭力，上體稍含胸拔背，直臂推掌，力達雙掌心。

圖4-24

149

解析16：

雙方交手，對手突然轉身發後撩腿撩擊我面部，我借招變勢，左腿屈膝上提，身體前傾，雙手臂合掌向下拍擊來腳，破化對手進攻，目視對手腿方。（圖4-25）

【要點】含胸收腹，探臂活腕發力，力達雙掌。提膝旨在防守對手攻踢襠部，雙掌發力要短促。

圖4-25

解析17：

雙方交手，對手進步用左直拳打我頭部，我隨之用右掌上挑破化其拳攻，接著右腳蹬地，左腿屈膝上提，右腿凌空飛踢對手的下頜，同時右掌拍擊對手的頭部，重傷對手，左掌隨擺體側，目視對手。（圖4-26、圖4-27）

圖4-26

圖4-27

【要點】挑掌及時準確，騰身快速敏捷，飛彈、拍掌一致。

解析18：

雙方交手，對手突然上步發右低彈腿踢擊我脛骨，我借招變勢，左腳後移身體下蹲，閃躲對手腿攻，同時右手由上向下拍擊對手來腿腳面，破化其進攻，左手隨擺體側，目視右手方。（圖4-28）

【要點】蹲身下閃與右掌下拍形成雙重防守，確保萬無一失。

圖4-28

解析19：

雙方交手，對手欲進身摟抱我，我借勢變招，左腳向前側跨步，雙腿屈蹲成馬步，同時左掌直肘迎打對手的胸

腹，右掌隨屈肘上架於頭上方，目視對手。（圖4-29）

【要點】迎擊要膽大，出招要果斷，沉身轉腰發力，力達左掌。

圖4-29

解析20：

雙方交手，我用右彈掌搶打對手面門，對手隨即後移閃躲，接著我左腳後插步連發右下彈掌狠擊對手的心窩要害，重傷對手，同時左掌上架於頭上方，目視右掌方。（圖4-30、圖4-31）

【要點】鬆肩抖背發力，力達掌背。進攻時兩掌連貫快速，上下變位打擊對手，使對手防不勝防。

圖4-30

圖4-31

解析21：

雙方交手，對手搶攻用左蹬腿蹬踢我心腹部，我隨招變勢，身體左轉閃化，同時右手向體前下方掛掌破化來腿，接著左腳蹬地向右腳內側上併步，同時右手臂向前翻掌猛力推擊對手的面門，重傷對手，左手隨擺體側，目視右掌方。（圖4-32、圖4-33）

【要點】閃掛來腿及時準確，併步翻掌齊動合一。推擊對手面部時，應借對手踢擊腿失衡前沖之時打擊，以達到良好的打擊效果。

圖4-32

圖4-33

解析22：

雙方交手，對手快速用左直拳打擊我面部，我疾速用十字手上架來拳破化其拳攻，接著我右腳向右側橫撤步，雙腳蹬地向左轉擰身體，同時左右手擰繞手花，鎖控、下按對手的手腕及肩部，將其擒控於地面，使之受挫，目視對手。（圖4-34、圖4-35）

156

【要點】移步、轉身、翻擰手花，一氣呵成，左手抓腕上提與右掌向下按壓肩頭形成上下爭力。

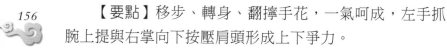

圖4-34

圖4-35

解析23：

雙方交手，對手上步用左掌抽打我面部，我隨用右手臂向外攔擋，接著用左手平砍掌猛擊對手的脖頸要害，重傷對手，目視左掌方。（圖4-36、圖4-37）

【要點】右手向外攔擋對手的手臂後，順勢變勾回抓對手的手臂，以防對手逃脫。左砍掌蹬地轉腰，力達掌外沿。

圖4-36

圖4-37

解析24：

　　雙方交手，我突然上右步用右掌劈擊對手的頭部，對手側閃步防化，接著我身體右擰轉，用左掌劈擊對手的面門，對手隨即向右閃躲防化；我又向左轉身，補發右劈掌劈擊對手的後頸處，將其劈倒在地，同時身體重心側移，左掌隨擺體側，目視右掌方。（圖4-38至圖4-40）

　　【要點】以腰為軸，右掌、左掌、右掌連環三劈掌緊密相連，蹬地轉腰，揮劈發力，力達掌外沿。

圖4-38

圖4-39

圖4-40

解析25：

　　雙方交手，對手上步用雙衝拳打擊我胸部，我隨即用雙托掌托擊其肘臂，破化其進攻，接著雙手旋腕向下抓拉對手的手腕，上體右轉，同時向上發左撞膝撞擊其胸部，重傷對手，目視對手。（圖4-41、圖4-42）

　　【要點】雙手抓拉對手手腕牢固，撞膝突然，下拉與上撞合動一體。

圖4-41

圖4-42

圖4-43

解析26：

雙方交手，對手搶上左步連發左穿掌穿擊我雙眼，我急用十字手封堵對手進攻，接著我雙手翻腕刁抓對手的手腕，身體左轉連發右裡圈腿猛踢對手的頭部，重傷對手，目視腿方。（圖4-43、圖4-44）

圖4-44

【要點】刁抓手腕牢固，右腿踢擊頭部有力，力達腳底，左腳掌點地擰轉。

圖4-45

解析27：

雙方交手，對手突然起
右鞭腿踢擊我時，我快上右
腳，蹲身發左右架推掌迎打
對手，左手臂屈肘
外擋，右手臂直肘
前推，將對手推
倒，使之受挫，目
視雙掌方。（圖
4-45、圖4-46）

圖4-46

【要點】此招屬後發先制，手腳相合一體，出招搶在
對手動作未成型之際制服對手。右掌應推擊在對手上體的
中線。

圖4-47

解析28：

雙方交手，對
手突然用雙手摟抱
我頭頸欲發膝攻，
我隨招變勢，右腳
向左腳上步成蹲
步，同時左手臂纏
抱對手的右大臂，
右掌直臂抖腕彈擊
其襠部，重傷對
手，目視掌方。（圖4-47、圖4-48）

圖4-48

【要點】抱臂蹲身敏捷，轉腰甩臂彈腕，力達右掌背。

解析29：

雙方交手，對手突然發右直拳搶打我面部，我疾用右手臂外擋來拳，接著翻手抓腕後拉其手臂，左腳向前上步，身體右轉屈蹲成高位馬步，左橫掌猛擊對手頸部，重傷對手，目視左掌方；身體左轉，右腳向左腳內側上並蹲步，同時右手變掌向前猛推對手的心窩要害，左手隨擺體後，二次重傷對手，目視右掌方。（圖4-49至圖4-51）

【要點】擋臂、抓腕準確有力，移步推掌同動一致，力達掌外沿及掌心。左右手連打要突出快速連貫。

圖4-49

圖4-50

圖4-51

解析30：

　　雙方交手，對手搶發右直拳搶打我面部，我隨招變勢，用雙臂向裡錯擊對手來拳手臂，然後雙手變拳由內向外直肘橫打，右拳背猛擊對手的面頰，目視對手。（圖4-52、圖4-53）

【要點】雙臂向內夾錯對手來臂及時，直肘翻打連貫，力達右拳背。身體重心稍前壓，以助拳力。

圖4-52

圖4-53

解析31：

雙方交手，我搶先用雙劈掌劈擊對手的頭、肩部，對手隨用左右手臂屈肘上架破化，接著我變招，上體稍後仰，連發右撞膝猛擊對手的心窩要害處，重傷對手，目視對手。（圖4–54、圖4–55）

【要點】上劈掌與下撞膝連環打擊對手，使對手顧此失彼，中招敗北。

圖4–54

圖4–55

解析32：

雙方交手，我搶上右腳快發左手橫掌貫打對手的頭部，對手隨即屈右手臂防擋破防，接著我連上左腳連發右手橫掌貫打對手的耳門要害處，重傷對手，左手隨擺體側，目視對手。（圖4-56、圖4-57）

【要點】上步連環，快疾如風，左右掌橫擺貫打，力達虎口處。

圖4-56

圖4-57

解析33：

雙方交手，對手突然從我背後用手臂鎖控我脖頸後拉，我順勢身體向右後方轉身，雙腿蹬地，身體下蹲，右手臂屈肘發彈掌狠擊對手的側肋要害處，左掌隨擺至頭側上方，目轉視右掌方。（圖4-58、圖4-59）

【要點】屈膝沉胯，轉腰發力，力達右掌背。

圖4-58

圖4-59

解析34：

雙方交手，對手用左直拳衝打我面部，我隨之身體右轉，左腳向前上外擺步，同時左手臂挑掛對手手臂，破化其進攻，接著右腳向前上步，身體轉擰180°轉到對手背後，連發右劈拳劈擊對手的頭、頸要害，重傷對手，目視拳方。（圖4-60至圖4-62）

【要點】此招體現出步法的精妙，左、右腳連環上步，要沿著對手的「偏門」而進，然後打其一個措手不及。

圖4-60

圖4-61

圖4-62

解析 35：

雙方交手，對手右腳墊步連發左膝猛撞我胸部，我急速變招，左手臂屈肘用掌下拍來膝防守，同時右掌向前穿擊其咽喉要害，重傷對手，目視右掌方。（圖4-63）

【要點】含身拔背發力，力達雙掌。左掌向下，右掌向前形成十字勁力。

圖4-63

解析36：

雙方交手，對手用右鞭腿踢擊我頭部時，我隨之右腳蓋步，身體向左閃轉180°，同時右掌由上向下劈擊對手來腿，左掌分展於體側，目視右掌方。（圖1-64）

【要點】屈膝擰腰，甩臂發力，力達掌臂外側。此招法是敗勢之法，轉身蓋步與下劈掌要連動一致。

圖4-64

174

解析37：

雙方交手，對手突然蹲身用左後掃蹚腿攻擊我下盤時，我借勢雙腳蹬地，身體騰空閃躲對手的腿攻，同時雙臂下劈於身體兩側，目視下方。（圖4-65、圖4-66）

【要點】蹬地有力，騰身高飄，躲閃後要馬上還原到實戰意境中，再次組織攻防對戰。

圖4-65

圖4-66

175

解析38：

雙方交手，對手上步用右劈肘劈擊我面部，我疾速屈膝蹲身成跪步，用雙掌推撞對手的上體軀幹，重傷對手，目視雙掌方。（圖4-67）

【要點】蹲身快速，左右掌同動，相合一致，力達雙掌。

圖4-67

解析39：

雙方交手，我突然後插左腳用右手撩挑對手的襠腹要害，對手隨用雙手十字手封擋，隨即我右腳後撤步，同時身體向右轉擰，用右掌由上向下劈擊對手的面門，重傷對手，左手臂屈肘上架於頭上方，目視右掌方。（圖1-68、圖1-69）

圖4-68

圖4-69

【要點】右臂回環連打圓潤快急，步到掌到，力達右
掌掌根。

解析40：

雙方交手，對手上步用雙推掌猛推我的胸部，我沉身含胸，快發雙扇掌合擊對手的頭部兩耳側，重傷對手，目視對手。（圖4-70、圖4-71）

【要點】含胸沉身反頂對手的雙掌推擊，左、右掌橫扇貫打相向發力，力達雙掌。

圖4-70

圖4-71

解析 41：

雙方交手，對手快起左高鞭腿踢擊我的頭部，我順勢變招上左腳，雙手臂由內向外抽打，右手臂迎擊對手的左腿，破化其腿攻，左手臂撐開於體側，目視右掌方。（圖4-72）

【要點】移腳破化對手的正常發力點，右手抽打時肌肉收縮，力達小臂及掌背。左手臂撐掌以保護自身的平衡。

圖4-72

解析 42：

雙方交手，我搶發右、左連環穿掌穿擊對手的面部，對手隨用左、右撥攔掌破化，隨即我右腳跟進半步，上體稍前俯，右手臂由後向前發彈掌彈打對手的襠部要害，左臂隨屈肘，左掌回護臉前，目視右掌方。（圖4-73至圖4-75）

【要點】蹬地擰腰，送臂發力。連環三掌一掌快似一掌，上下變位擊打準確，以步催身，以身催臂，力達右掌背。

圖4-73

圖4-74

圖4-75

解析43：

雙方交手，對手上左步搶發左拳打我頭、面，我疾速上挑其右手臂，防化對手的拳攻，隨即右手翻腕抓拉對手的左手腕，雙腳蹬擰地面，身體右轉，雙腿屈蹲成馬步，左掌直臂推擊對手的側肋，重傷對手，目視對手。（圖4-76、圖4-77）

【要點】抓腕牢固，推掌有力，轉腰開臂發力，力達手掌。

圖4-76

圖4-77

181

解析44：

雙方交手，對手突然起左鞭腿掃踢我胸、肋部，我快撤左腳，右臂抄抱其來腿，身體右轉，同時左掌直臂砍擊對手的脖頸要害，重傷對手，目視掌方。（圖4-78）

【要點】右手臂抄摟來腿應順著對手的發力方向，左掌砍擊與右手抱腿應形成攻防一體，切勿脫節。

圖4-78

解析45：

雙方交手，我用左手抓扯對手的肩部欲施行攻擊，對手應變防控，左右手合抱別我左手臂肘部，反控我左臂，我順勢屈肘下墜，身體左轉，同時右腳面扣貼於左膝窩外，連發右合掌拍擊對手的頭頸要害處，重傷對手，目視

掌方。（圖4-79至圖4-81）

【要點】左臂屈肘螺旋下沉破解對手的進攻，右腳蹬地扣膝，轉腰揮臂，以助右掌發力。要借對手雙手別控我所形成膠著狀態之時來打擊對手。

圖4-79

圖4-80

解析46：

雙方交手，對手從我體側用雙手抱拉我右臂，我順勢身體右轉，右腳上步成右弓步，同時右手臂以肘關節為軸連發捶掌捶擊對手的面門要害處，重傷對手，且左掌隨展體側，目視右掌。（圖4-82、圖4-83）

圖4-81

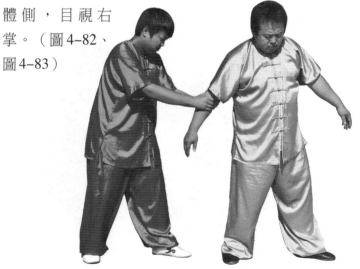

圖4-82

圖4-83

【要點】轉身上
步快速，翻肘摔掌靈
活，力達掌背，右腳
上步時含有暗別鎖控
對手腳跟之用意，左
手側展保持自身平
衡。

解析47：

雙方交手，對手
快上左步用雙手抓拉

圖4-84

我左右手腕欲攻擊我，我身體向右轉，右腳向前踏一步，
同時上體下俯，用頭撞擊對手的胸腹要害處，重傷對手，
同時左右手臂側開展。（圖4-84、圖4-85）

圖4-85

【要點】上步快捷，蹬地撅臀，俯身折腰發力，力達頭部。

解析48：

雙方交手，對手突然上步用右手抓擰我衣領欲施攻擊，我右腳回收左腳處成併步，兩腿稍屈膝，身體微蹲，同時左手反抓對手的右

圖4-86

手，右手臂屈肘橫擺錯擊對手的肘關節，重傷對手，目視右手方。（圖4-86、圖4-87）

圖4-87

【要點】回步蹲身快捷，左手向下扣壓，右手臂橫展，兩手形成錯力，轉腰擺臂，力達觸點。

解析49：

雙方交手，對手搶先上左腳，用雙手臂環抱我腰部欲施摔技，我隨即變招，右腳向斜後方移步，左腳點地成高位虛步，同時腰向左轉，左手回拉對

圖4-88

手的右手臂，右手翻腕用掌橫擊對手的頭左側，重傷對手，目視右掌方。（圖4-88、圖4-89）

187

圖4-89

【要點】雙腳移步快速連貫，左拉、右擺雙手形成磨盤勁，蹬地擰腰，甩臂屈腕發力，力達右掌背。

第二節　實戰制人先練膽

一、何為膽力

膽力，又稱膽、膽量、膽識，是武術實戰中必備的品質之一。關於膽，古今不乏精彩的表述，如「一膽二力三功夫」「對敵若無膽向先，空自眼明手便」「藝高人膽大，膽大藝更高」「有膽克敵易，無膽難施技」「有膽勝無膽，大膽打小膽」「無膽，武不高」等。

那麼，究竟什麼是膽呢？膽是指人的勇敢無畏、自信

果斷、淡定頑強的意志品質，是一種從心理上戰勝自己，從氣勢上戰勝對手的能力。

在武術實戰中，有膽與無膽往往是勝負成敗的關鍵因素，因為無膽者常會表現出心慌意亂、手足無措、心跳加快、手軟心顫、大腦空白，以至於出招無力，攻防毫無章法，且屢戰屢敗。而有膽則表現出敢打敢拼、從容鎮定、無所畏懼、目光犀利、頭腦冷靜、比賽慾望強烈的特點，且抱有必勝的信心，能「逢強智取，遇弱活擒」，從而制勝對手。

二、膽力練法

1. 站樁練膽法

練習者可選用各種站立樁功，如高位樁、中位樁和低位樁進行訓練，應做到平息靜心，然後透過意想與虎豹豺狼、毒蛇猛獸、兇惡暴徒等對搏廝殺，使自己變成「無物能擋，無堅不摧」的實戰高手。

2. 環境練膽法

練習者自己選擇一個恐怖的場所去練功，比如墳地或曾經發生過兇殺事件的場所等。有很多武術名家都喜歡在夜深人靜的時候去墳地練功，以此達到身心平衡、無所畏懼的境界。

切記：此方法在初學者中不宜提倡，應該待其練功有了一定基礎後再去體驗，否則不但欲速而不達，還會損害

練習者的身心健康，最後得不償失。

3. 模擬實戰練膽法

即從兩人間或多人間的模擬實戰訓練開始，然後到有規則的實戰格鬥，再到生活中無限制的真刀實槍地對搏，之後方可逐步走上「藝高人膽大」之境界。

實戰講求「滅四相」，即「無我相，無人相，無眾生相，無壽者相」。如此無畏膽大、超脫，才會捨我其誰。

4. 氣勢練膽法

此法是由眼神、體態及步法來體現膽大氣盛。俗話說「眼是心中之苗」，一個人的膽力往往能從其眼神中流露出來，眼瞼上挑，目光集中，直射對方，再加上步法一往無前，身體前傾，往往能給對方的心理帶來極大的震撼，讓對手感覺到我們身上的一種百戰無懼的氣勢。

拳諺曰：「神疲則氣餒，神旺則氣足，氣足則勇，氣餒則怯，怯者無膽，膽失技亡。」

5. 暗示練膽法

通過自我控制，有意識地讓自己膽量提升。在搏擊中，暗示自己是頂級武術高手，每戰必能取勝。

當自己出招擊打對方奏效後，也應暗示自己「一鼓作氣，擊倒對方」，這種暗示會影響到擊打動作的品質和效力，能收到事半功倍的效果。

6. 利益練膽法

俗話說，重獎之下必有勇夫。在名與利兩個方面如能得到重賞，自然會增加參賽者的膽力，所以，藉由提升所獲得利益的砝碼，也不失為一個增加膽量的好方法。

7. 意念練膽法

練習者選擇各種坐姿，如單盤腿坐、雙盤腿坐和雙腿跪坐等姿勢進行靜坐練習，達到超乎常人的「定力」，然後透過默想「我是世界上最優秀的武術高手」「我能戰勝任何強悍的對手」等，以此來培養自己的自信心，並強化膽力。

8. 實戰練膽法

實戰練習是提高膽力最直接、最有效的方法。實戰時，要心懷必勝的信念與對手對決，要有「必死則生，幸生則死」的境界，有「一人捨命，十人難擋」的氣魄，要有「舉手不留情，當場不讓步」的兇狠，要有「打不著不打，打不中不打，打不狠不打」的準度，還要有「視人如蒿草，打人如走路」的氣勢，以及要有把自己比作是「最有實力的冠軍人物」的心理。

當然，實戰訓練也要講究科學性，要循序漸進，對於初次練習實戰的隊員，應選配與其功力水準相近者來進行實戰，否則很容易因雙方實力懸殊造成弱者一方心理恐懼。在實戰水準提高後，再與不同技術風格特點、不同體

態身形的選手進行實戰練習，以此來逐步提高練習者的應變能力和膽力。

9. 特訓練膽法

為了提高練習者的膽力，武林界自古就有很多奇妙的訓練方法，如在稀少無人的深山樹林裡練功，在陰森可怕的墳地裡練功，以及在懸崖峭壁上練功，以此來培養練習者「目無所視，耳無所聞」、專心致志的能力和無所畏懼的膽力。

10. 生活練膽法

在日常生活中，要主動做一些自己不敢做或不願意做的事情，如與陌生人交談、拒絕別人不合理的要求、用行動維護自身的合法權益、夜間一個人行走、從高處往下看等，以此來進行自身膽力的培養。

正如一句名言所講「面對恐懼和膽怯的事，只要你強制自己連續做過3次，一定會適應自如」，這也正是「少見多怪，多見不怪」的道理，膽力的培養也遵循「不適應—部分適應—完全適應」這一訓練過程。

11. 發聲練膽法

在開闊地帶，練習者先調息數次，然後用鼻子吸氣、用嘴呼氣發聲吐字進行膽力訓練，喊出的字可選「哈、嘿、呀、打」等，喊時要心存一念，堅信能百戰百勝。發出的聲音要在曠野裡迴蕩，使人聽了有畏懼之感。

三、修煉膽力須知

（1）在武術訓練中，唯以膽力訓練為最難，且也是容易被忽視一個的問題。其實在實戰中，沒有膽量是很難取得最終勝利的。所以，選手們在實戰中無不以膽力當先，這樣才能發揮出正常的武技水準。

（2）在日常生活中，膽力的作用無處不在。一個人在危急的情況下，可搬起他從未搬起過的重物；一個人在被逼無奈之時，可以做出他平時不敢做的任何事情。

（3）膽力對於不同的人也是有區別的，有的人天生心地善良，膽小怕事；而有的人頑劣成性，桀驁不馴，膽大妄為，兇惡無比。

（4）我們練習武術的目的是制人而不是受制於人。可現實中武術冠軍被街頭小流氓打得頭破血流之事司空見慣，究其原因就是缺乏一個「膽」字！那些歹徒兇神惡煞，出手狠毒，打鬥時全然不計後果，只有一個「膽」字當先。

（5）訓練膽量必須要在特定的環境條件下和真正的實戰拼殺中才能得到磨練，時日一久便會在真打實戰中「成長」起來，而不再出現心驚膽顫、心慌忘技的現象！

（6）面對沙袋或木人樁時，將其視為青面獠牙的殺人惡魔，想像著你與他們有著不共戴天的殺父之仇，他們的眼裡閃著猛獸般的兇光，隨時都會撲過來要你的性命！此時的你想躲也躲不掉，既然躲不掉還不如拼了！一個人一旦將生死置之度外，就會無所顧忌，那麼最後的勝利就

一定會屬於你！

（7）不管遇到的對手多麼高大健壯，多麼兇狠嚇人，都不要產生恐懼感，要在心理上告誡自己，一定要鎮定，把對手看成是一個不堪一擊的傢伙，或將其視為自己的仇人，這時就有了豁出去拼了的膽力。

（8）實戰時，不能因一時的被動局面就產生膽怯心理，這樣做會喪失與敵搏鬥的勇氣和信心。所以要拋棄心中所有的雜念，全力以赴，以不怕死的精神和打不敗對手絕不甘休的毅力去搏鬥，相信勝利最終會屬於自己。

（9）技法精湛、功力深厚也是提高膽力的一個重要手段，正如「藝高人膽大」。武術入門應先練膽量，正如「一膽勝十法」「渾身若有一身膽，克敵對戰霸氣射」。若沒有膽量，功夫再高也無法發揮，只會臨陣恐懼，不戰而敗。

（10）為了自衛，為了正義，當面對歹徒時，要視死如歸、義無反顧，不能有絲毫的怯意。

（11）特別需要說明的是，與拳友進行比武時，我們的動機必須是單純的，不能有任何不良目的。若動機不純，不論其強度如何，都會脫離武術的宗旨，必然會走向邪惡。當具有一定的實戰能力後，可經常找拳友進行技擊交流，也可在有條件的前提下參加擂臺比賽，雖然這種交流與比賽有別於實戰，但它畢竟能為實戰提供借鑒性經驗，有了足夠的經驗，才能「藝高人膽大」。

（12）實戰中，要克服過度的緊張情緒。適度的緊張可以調動肢體的功能，但過度的緊張則會不利於技術的發

揮。緊張狀態的反應包括生理反應、行為反應和認識反應，如血壓升高、心跳加快、肌肉發硬、運動能力下降、注意力分散等。出現過度緊張情緒後，可有意識地放鬆身體，也可以做深呼吸進行調整，使自己保持面不紅、膽不顫的最佳應戰狀態。

（13）膽量培養可從勤修武德入手。俗話說「邪不壓正」，所為正事，理直氣壯，膽量自然就大。要加強功力的修煉，功力越深厚，取勝的把握就越大，膽也就越壯。還要加強靜功的修煉，對調心、靜氣、凝神有重要作用，遇招不慌亂。還要熟知對手來拳來腳的招式，能見招打招，其膽力自然就大了。

（14）透過技戰術的成功率增強膽力。主要體現在戰術運用正確、技法擊中率高等方面，每當擊中對手後，都會對心理產生良好的影響，信心增強了，膽力自然就增加了。

（15）做腹式呼吸，使呼吸深、長、勻、細，使之逐漸遍佈全身，當出現呼吸緊張、短促、吃力時，要多做一些有節奏的深呼吸，以起到鎮定情緒、提高膽力的作用。

（16）讓同伴模擬不同對手，並與之進行模擬實戰訓練。記住，賽前一定要少做激烈的實戰練習，以免遭受重擊或造成傷害事故。因為每遭受一次重擊就會對心理造成一次打擊，這樣會直接造成膽力下降。

（17）膽量就是不怕危險的精神和勇氣。丟失了膽量就丟失了武術技擊的靈魂。心理學告訴我們，人通常在面對危險時的本能反應有兩種：一種是化險為夷，一種是消

極避險。如果沒有膽量面對打擊，選擇消極逃避或一擊便潰，那就只能以敗北而告終。保持自身鎮定，思變靈活，只有膽量過人的人才能做得到。一身是膽也可以威懾敵膽，甚至達到不戰而勝的效果，正所謂「用膽殺人」！

（18）有識無膽是懦夫，有膽無識是莽夫。膽力，並不是不要命的蠻力，而是經過訓練後調養的浩然正氣。習武先修德，練武先練膽。膽不生，技難用。只有胸藏浩然氣，才能心揣英雄膽。

（19）膽力是促進技擊技術提高的基礎，搏擊就是鬥技、鬥力、鬥智、鬥勇的過程。對於一個武者來說，紮實的基本功與嫻熟的技術，是構建起堅強自信和膽力的基礎。

（20）武者喪失膽力的原因有幾個，一是自己實力不強大，二是被對手的假象所迷惑，三是曾被打敗過，從而產生了膽怯心理。

第五章
劈掛拳學練指點

第一節　練拳莫忘養生

人生在世，最大的幸福莫過於健康長壽，習武者也不例外，只有講求養生之道，才能贏得天年。古往今來，有關養生的寶貴經驗很值得習武者去學習與應用。

一、古人養生「三字經」

（1）孔子的「三戒」：君子有三戒，「少之時，血氣未定，戒之在色；及其壯也，血氣方剛，戒之在鬥；及其老也，血氣即衰，戒之在得」。

（2）老子的「三去」：老子在《道德經》中提出，養生須「去甚、去奢、去泰」，其義為去除偏激的情緒、奢侈的慾望和過分舒適懶散的生活狀態，清心寡慾，不存私念。

（3）《黃帝內經》講究「三有」：人想少生或不生病必須做到「飲食有節，起居有常，勞作有序」。

（4）中醫養生有「三寡」：總結古代養生經驗，概括為「寡慾以養精，寡言以養氣，寡思以養神」。精充、氣足、神旺是人體健康的標誌。

（5）**古代養生家的「三慎」**：養生貴在「慎食、慎藥、慎情」，不要暴食、濫用藥物和悲喜過甚。

二、養生謹防「十六傷」

久視傷精，久聽傷神，久臥傷氣，久坐傷脈，久站傷骨，久行傷筋，暴怒傷肝，思慮傷脾，憂極傷心，過悲傷肺，多恐傷腎，多淚傷血，多唾傷津，多言傷液，多食傷胃，多性傷髓。

三、科學飲食

1. 食物有「四性」，進食應有所選擇

中醫認為，食物的「四性」即寒、熱、溫、涼。人們進食應有所選擇，這樣可以起到防病、治病的效果。

食物的「四性」又分為溫熱和寒涼兩大類。

一般吃起來辛辣、暖胃的食物，大多屬於溫熱食物，如羊肉、雞肉、牛肉、酒、醋、薑、蒜、辣椒、韭菜、胡蘿蔔、荔枝、葡萄、大棗、白糖、核桃、橘子、桃子、李子、栗子等，食用這些食物可以起到溫中、補虛、除寒的作用，適用於秋冬季節或虛寒性疾病的人食用。

吃起來爽口清涼的食物，屬於寒涼性食物，如大米、小米、高粱、蕎麥、綠豆、豆漿、豆腐、兔肉、螃蟹、龜、蛤、牡蠣、白菜、紫菜、油菜、竹筍、茄子、黃瓜、冬瓜、西瓜、梨、甜瓜、奇異果等，食用這些食物，可以起到清熱除火、解毒消炎的作用，適宜夏秋季節或患有熱

性疾病的人食用。

此外，食物還有五味，即酸、甜、苦、辣、鹹。進食時要根據五味對人體的不同作用進行合理的選擇。

酸性食物：具有收斂固澀、生津止渴的作用，如番茄、蜂蜜、醋、荔枝、葡萄等。

甜性食物：具有補益、和中、緩急、止痛的作用，如飴糖、水果（甜味）、米、麵等。

苦性食物：具有瀉火、消暑、清心明目的作用，如苦瓜、茶葉等。

辣性食物：具有宜散滋潤、疏通血脈、運行氣血、強壯筋骨、增強抵抗力的作用，如辣椒、蔥、薑、大蒜、胡椒、酒等。

鹹性食物：具有軟堅、散結、瀉下的作用，如鹽、大米、小米、海產品等。

飲食中切記五味不可重，要適可而止，否則各有所傷：酸多傷脾，甜多傷腎，苦多傷肺，辣多傷肝，鹹多傷心。

2. 利於長壽的食品

人體所需的食品營養素可概括為七大類，即蛋白質、脂肪、碳水化合物、礦物質、維生素、水和膳食纖維。人體依靠這些營養素來滿足日常的需要，促進健康，延續生命。

近年來科學研究表明，常吃玉米等食品有利於健康長壽。因為玉米中所含的亞油酸和纖維素分別是大米和精麵

的5～6倍和6～8倍，前者可使人體的血清膽固醇維持在正常的水準，防止其沉積於血管壁，後者則能促進胃腸蠕動，及時清除廢物，防止腸癌的發生。

此外，牛奶、優酪乳、杏、核桃、洋蔥、蘿蔔、紅薯和蜂蜜等也是防癌抗癌的理想食品。

壽星的另一個飲食秘訣就是限食。科學證明，限食可以增強免疫功能，降低發病率，改善新陳代謝功能和調節內分泌功能，因為攝取過量的食物無疑會加重消化系統的負擔，還會導致動脈硬化、冠心病、高血壓、糖尿病等疾病的發生。

四、擁有健康的心理

1. 積極進取

進取心是一種積極的心理狀態，又是長壽的重要因素。有精神支柱、生活充實、心情愉快這些良好的精神面貌可使人體各臟腑功能互相協調平衡，促進健康。

2. 胸懷豁達

科學研究表明，性格開朗、虛懷若谷的習武者，比性格剛烈、脾氣暴躁的長壽。因為脾氣好的人性格溫和，遇事冷靜，不易發怒。脾氣不好的人性情暴躁，往往遇到一些不順心的小事也會勃然大怒，所謂「氣大傷身」，發怒時會心跳加快，血壓升高，久而久之，必然危害身心健康，乃至發病身亡。

　　英國醫學家告誡人們莫要常發脾氣，因為發脾氣容易患癌症。所以習武者應培養自己豁達開朗的胸懷，正確處理人與物、人與事、人與人之間的矛盾。人生歷程不可能一帆風順，當生活遇到挫折和壓力時，應冷靜、客觀地對待，積極疏導、調整自己的不良心情，並保持開朗愉快的心情，正如古代養生家所言「清虛靜泰，少私寡慾」「非淡泊無以明志，非寧靜無以致遠」，這些都是在勸說人們要不貪圖功名利祿、心胸開闊、無憂無慮、無仇無怨、無悲無悔，從而保持心理平衡，身體健康，延年益壽。

3. 樂於助人

　　對周圍的人或事富有同情心，樂於助人，幫助別人排憂解難，這是中華民族的傳統美德，也是延年益壽的秘訣。據美國科學家對15000名健康人的調查得出結論：樂於助人者長壽，其心理特徵是仁慈、正直、可靠、助人，在為別人排憂解難的同時，對自身的心理平衡都有極大的好處。

五、生活有規律

　　大凡習武者都有早起練功的習慣，一定要保證充足的睡眠時間，一般成人每日需要8小時，習武者則更多些，這是健康的保證。

　　眾所周知，有規律的週期變化是宇宙間的一種十分普遍的現象，對人類來講，規律的生活就是指自身的一切活動都必須符合其體內生理活動的節律變化。大量調查表

明，凡是那些「日出而作，日落而息」，生活有規律，且勞逸結合的人，不但工作效率高，而且健康長壽。

六、腦體並用

愛學習、勤於用腦的習武者比不愛動腦的習武者壽命長，比如武術大師吳圖南（105歲）、袁敬泉（102歲）、呂紫劍（118歲）等都是百歲以上的壽星，他們不僅勤修武功，同時還勤於用腦，經常讀書看報、著書立說、學習繪畫等，這都是最好的例證。

練習武術能促進和改善新陳代謝過程，增強人體各器官、系統的功能，從而祛病延年。勤用腦則是最好的「腦力體操」，它能使腦血管處於舒展狀態，推遲腦細胞的老化過程，延緩腦衰老。

腦是人體的中樞，對全身有三個功能：生理調節、心理調節、智慧開發。人的衰老，主要是腦細胞衰竭，所以唯有腦運動才能促進腦健康，達到真正的健康長壽。

第二節　禁戒不良習慣

不良生活習慣不僅對武者的正常訓練和比賽有影響，還會損害身體健康，因此，在生活中要加以重視，堅決改掉以下不良生活習慣。

一、睡眠不足

很多武者因為娛樂無度和夜生活不節制而導致睡眠不

足。睡眠不足尤其會影響青少年正常的生長發育，使大腦過度疲勞，出現頭暈腦脹、精神不集中、體力下降、記憶力減退、耳鳴、乏力及心血管、呼吸和消化系統功能下降等情況。

充足的睡眠可使機體得到充分的休息，這是一種正常的生理需求。科學表明，成年人每日需要7～8小時、青少年每日需要8～9小時、兒童則需要9～10小時的睡眠時間。當夏季或訓練量大時，還要增加午睡時間，以1～2小時為宜。午睡有養神、護氣、益精的作用，有利於消除疲勞、恢復體力。

睡姿以向右側臥睡為佳，因為心臟位於胸腔偏左，這樣可使血液較多地流向身體右側，減輕心臟負擔，同時增加肝臟的血流量，有利於新陳代謝和肝臟的健康。儘量不要採用俯臥睡、坐睡和用被蒙頭睡等不科學的睡姿。

同時，睡前要刷牙、洗澡，消除身體汗汙，促進血液循環，以利於恢復體力，解除疲勞。

二、吸 菸

不少武者有吸菸的不良習慣，認為吸菸很酷，是男子漢氣質的表現。殊不知，吸菸對身體健康是有百害而無一利的。因為煙草中含有20多種有害物質，其中菸鹼（尼古丁）、焦油、一氧化碳、一氧化氮、氰氫酸、苯丙芘等對人體的危害最大。

吸菸會使人頭暈、失眠、反應遲鈍、記憶力減退，還會增加心血管疾病、肺氣腫甚至肺癌的發病概率，所以，

有吸菸習慣的武者要下決心、有恒心、有毅力戒掉這個不良習慣。

三、喝 酒

酒的主要成分是酒精（乙醇），武者如果經常大量飲酒，會發生酒精慢性中毒，可使大腦功能紊亂，智力、理解力下降，動作失調、反應遲鈍、四肢震顫、嘔吐、昏迷甚至因呼吸中樞麻痺而死亡。

此外，酒精還會刺激胃壁，引起胃炎和胃潰瘍，以及肝硬化和肝癌。

可見，飲酒對身體健康危害很大，武術隊員及時戒掉飲酒不良習慣是非常明智的選擇。

四、飲水不當

有的武者在訓練和日常生活中有喝生水或不注意合理飲水的習慣，這種做法實在不可取，特別是在訓練時喝生水，極易出現腸胃痙攣、腹部疼痛及腹瀉等症狀。

水是維持人體正常功能的重要物質之一，科研表明，人一天不飲水，便會體重下降，無精打采；四天不飲水，人就會失去活動能力；六天不飲水，人就會死亡。有的隊員在口渴難忍時才進行補水，這是不可取的。其實此時身體已嚴重缺水，這樣會導致身體許多的不良反應。

一般成人每天需水量在2000～2500毫升，武者應在此基礎上有所增加。武者在日常生活和訓練中飲水應注意以下要點：

（1）在中小強度和長時間運動時，補水可在運動中或運動後進行，而大強度運動時最好在訓練後補水，補水方法以少量多次為原則，並且水量應在150～200毫升，這樣水分緩緩地補充到體內，既不會使血容量發生太大的變化，又不會增加心臟和胃的負擔。

（2）水溫要適中，水質以白開水、礦泉水、淡鹽水及橙汁、鳳梨汁等最為理想，且每小時補充水量不宜超過800毫升。切記武術訓練後不要飲用碳酸飲料，經常飲用碳酸飲料的人，其骨折的危險性會增加。

（3）武者應在平時養成飲水的好習慣，應當在每日三餐前0.5～1小時飲水，飲水量以150～200毫升為好，以及早晨起床後要飲用一杯水，這樣有利於人體消化、吸收及排泄功能。

五、運動後立即洗澡

有些武者有運動後立即洗澡的習慣，其實這樣做是不科學的。因為人在運動時肌肉內血流量增加，當訓練停止後增加的心率和血流量還要持續一段時間，如果此時立即洗熱水澡，會增加向肌肉和皮膚內的血流量，導致人體的心臟和大腦供血不足，易發生頭昏眼花甚至休克、昏厥等現象。

而運動後立即洗冷水澡也是不可取的，由於人體在運動出汗時對寒冷的適應性很差，如果突然用冷水沖澡，皮膚黏膜的血管會驟然收縮，抗病能力下降，回收心臟血液突然增加，加重了心臟的負擔。同時汗腺排泄孔也會猛

閉，汗液就會貯留於汗腺之中，極易引發呼吸道疾病。

所以，無論是熱水澡還是冷水澡都不要在運動後立即進行，應休息15～30分鐘之後再洗澡。

六、空腹訓練

在進行大運動量的武術訓練時不可空腹，因為這樣會大量消耗體內貯備的糖原，發生低血糖症狀，造成頭暈、頭疼、眼前發黑、胃痙攣、胃疼、胃炎等不良後果，從而影響訓練效果。

七、不講皮膚衛生

皮膚是人體的保護器官和感覺器官，並有參加調節體溫和排泄廢物的功能。一些武者訓練後不洗澡，養成了不講衛生的不良習慣，導致體味酸臭、皮膚搔癢、面瘡及皮膚病的發生，不利於身體健康。因此，訓練後要勤於洗澡、擦身，以保持皮膚清潔。

因皮脂腺分泌的皮脂具有滑潤皮膚的作用，所以在洗澡時應選用鹼性小的香皂和洗浴液，當遇皮膚乾燥、常有皮屑脫落時，可在洗浴後塗抹些護膚膏。

此外，還有些武者不注意光照的危害，當然適當的陽光照射對皮膚健康是有好處的，但如果長時間地在烈日下曝曬，就會造成強烈的紫外線照射過度，加速皮膚衰老，使皮膚失去彈性出現皺紋、黑色素沉積，嚴重時還會出現皮膚紅腫、水疱、脫皮及皮膚癌等病症。

因此，在夏季訓練時最好避開強光直接照射，如條件

不允許，則應佩戴遮陽帽，在裸露的皮膚上塗上一定量的防曬霜，以起到保護皮膚的作用。

八、著裝不科學

武術訓練時著裝不科學也易引起損傷的發生，如穿內衣過緊且質地是化纖、針織的衣物，易擦傷皮膚和產生靜電，極易患皮膚病；穿過小的運動鞋容易擠傷腳趾、患上水疱和雞眼；穿高跟的鞋進行運動會引起踝關節損傷等。為此，運動訓練時著裝要講求科學性，服裝大小要合體，要勤洗勤換，保持乾淨。

訓練時的著裝要根據不同季節氣候的變化而增減，夏季宜穿著透氣性好、吸汗性強的衣服，冬季宜穿保溫性好的衣服，內衣、內褲應選寬鬆、舒適的純棉質地為好，運動襪要選擇優質、全棉的產品，因其不僅有良好的吸汗性，還有很好的彈性，能充填腳與鞋之間的空間，防止腳部磨傷；鞋的選擇要大小合腳，透氣性好，並且鞋底要堅固耐磨、富有彈性。

第三節　實用知識通曉

一、睡好「子午覺」的講究

良好的睡眠是消除武者身心疲勞、恢復體能、調節心神、養精蓄銳的過程，中醫認為睡好「子午覺」是養生強體的法寶之一。

「子午覺」是指在子時和午時入睡。子時是從23時到次日凌晨1時，是一天中陰氣最重的時候，子時之前入睡有利於養陰。午時是從11時到13時，是一天中陽氣最盛之時，此時午睡有利於養陽。可見，睡「子午覺」能調整陰陽，其原則是「子時大睡，午時小憩」。

子時膽經當令。膽氣生發起來，全身氣血才能隨之而起。養膽經的最好辦法就是睡覺。中醫講，「膽有多清，腦有多清」。在子時前就寢，膽汁可得到正常的代謝，膽的功能正常及大腦的決斷力也就強了，這樣早晨醒來後腦子就會很清醒，做起事來效率也高。如果長期過子時不睡，就會耗傷膽氣，導致人的膽量小，做事易猶豫不決。

午時心經當令。此時午睡半小時，最多不要超過1小時，能養心。心經旺盛，可推動血液正常運行，使人充滿活力。

睡子午覺要注意以下幾點：

（1）天氣再熱也要在肚子上蓋一點東西；

（2）不要在有穿堂風的地方休息；

（3）睡前別吃油膩的東西；

（4）午休不要趴在桌上睡，應該舒服地躺下，最好頭高腳低，向右側臥。

二、多吃鹼性食品可提升智商

好的智商水準對學練武術，理解拳術的拳理、拳技有著極大的幫助。人腦體液的酸鹼度與智商有著極大的關係。健康人體的體液（主要為血液）應呈微鹼性（pH為

7.3～7.5），這樣有利於機體對蛋白質等營養物質的吸收和利用，並使體內的血液循環和免疫系統保持良好的狀態，使人的精力充沛旺盛。

科學家研究證明，在體液酸鹼度允許的範圍內，酸性偏高（即pH偏低）智商較低，鹼性偏高（即pH偏高）則智商較高。

體液酸度偏高的人一般脾氣暴躁、多動，做事時精力不集中並容易產生疲勞，其原因在於，有不少鹼性無機鹽對人體激素分泌和神經活動有著至關重要的作用。如缺鎂最突出的症狀是容易產生疲勞感，還會導致失眠、情緒易波動、精神緊張不安等。

由於體液的酸鹼性是可以由飲食來調節的，所以科學家建議人們要改善飲食結構，多吃鹼性食物，以提高智力水準。

日常飲食中的食物按其所含元素成分的多少可分為鹼性食物、中性食物和酸性食物三大類。凡含鉀、鈣、鎂、鈉等鹼元素較多的食物一般為鹼性食物，多食鹼性食物人的體液可呈鹼性；凡含磷、氯、硫等酸元素較多的食物一般為酸性食物，多食酸性食物體液則呈酸性。

一般來說，各種動物性食物，包括豬、牛、羊、雞、鴨肉、禽蛋類、魚類、麵粉、大米、花生等經人體代謝後能產生很強的酸性「殘渣」，所以都屬於酸性食物；而各種蔬菜、水果、大豆、菌類等植物性食物代謝後能產生較強的鹼性「殘渣」，所以都屬於鹼性食物。

因此，在日常生活中要改善飲食結構，少吃一點大魚

大肉，多吃豆製品和乳製品；少吃油性食品，多吃蔬菜水果；少吃甜食，多吃海植物產品。一些食品如核桃、紅棗等也可以促進智力發展，富含有維生素C的食品也對提高智商有利。

當然，增加鹼性食物的攝入也應適量。由於人體內部具有自我調節功能，所以即使鹼性食物食用過多，也不必擔心，機體會在新陳代謝過程中增加鹼的排泄，以此保持體液酸鹼度的相對穩定，反之亦然。

三、練武術會影響身高嗎？

有些青少年在初學武術時心有疑慮，害怕習武會影響身高。有人認為，練武時的壓腿內容是影響身高的主要原因，認為壓腿是超前拉伸，會使身體停止發育，那麼這樣的觀點是否屬實，有無科學道理呢？

人的生長受腦垂體分泌的生長激素和下丘腦分泌的促生長激素的控制，這兩種激素的產生屬於內分泌系統的功能，作用十分複雜。一個人高矮的決定性因素受種族、遺傳、後天營養、是否運動、睡眠品質及健康因素等影響。

男性的生長期一般截止到25歲，女性一般截止到22歲。生長期是指骨骼的縱向發育，人在嬰兒期發育最快，青春期次之，但男在25歲、女在22歲前後，骨骺也就是長骨的兩端便封閉了，人體就不再長高了。而骨骼的橫向發育卻可以維持到30歲，但這時骨骺已封閉了，所以只長壯，不長高。

練武不但不會影響習武者的正常發育，反而還會促進

機體各種功能的良性發展，增強體質。因為壓腿主要是拉伸人體的肌腱和韌帶，而不會影響骨骼的縱向發育。

習武者多為短小身型會給人們一種錯覺，認為習武會影響身高，其實這是武術專項選才的問題。武術套路項目因其對靈敏性、協調性的要求非常高，所以武術教練在選才時多挑選身型適中、機智靈敏的練習者進行訓練。

四、學練武術好處多

有研究表明，孩子平均的運動量與學習成績明顯相關。男孩 11 歲時每天運動時間增加 17 分鐘，女孩增加 12 分鐘，都有助於提高學習成績。如果堅持每天 60 分鐘「中等至劇烈」強度的體育鍛鍊，學習成績可提高一個等級。有研究人員表示，體育鍛鍊對提高女孩的自然科學成績尤為明顯。

還有資料顯示，身體健康程度與記憶力、專注力等決定學習成績的關鍵因素有著密切的關係，而適度的體育運動則能對大腦產生有益的刺激作用，使大腦更加活躍。

越來越多的家長和孩子開始重視體育鍛鍊，其中，學習武術就是很好的體育鍛鍊方式之一，武術強身健體的作用不容小覷，因此，很多家長願意讓孩子學習武術。

現在有相當一部分的孩子身體素質差，缺乏毅力。毅力是意志品質的反映，如果兒少的自我控制能力強，毅力就強，反之就弱，而毅力主要是靠後天的培養和訓練。經由一段時間的武術訓練可以強身健體，尤其是肥胖及體質較弱的孩子，在學習武術後體質明顯增強，精神更飽滿，

自我控制能力也得到提升。

兒少學習武術並不一定要在武術上有所造詣，而是要由學習武術建立完整的人格。例如武術的每一個動作，都要有手、眼、身、法、步的配合，在訓練過程中孩子的柔韌性、協調性、方位感以及速度、力量、爆發力等都能得到鍛鍊。武術訓練當中必然會出現許多次的失敗，就是在這些失敗當中才能真正培養出克服困難的堅強品質。成功過後的喜悅，能使孩子看到自己的進步，提高勇氣與自信心。

學習武術還可以培養孩子吃苦耐勞、堅忍不屈的品質，培養孩子尊師重教、尚武崇德的精神，這也是民族文化的傳承。

孩子4歲以後，身體的協調性和柔韌性發展較快，注意力、記憶力、思維能力、行為控制能力都有明顯提高，這就為學習武術提供了良好的條件，這時開始學習武術正是時候，是「童子功」培養的最佳年齡。

有的家長顧慮自家的孩子調皮、好動，擔心練習武術後會更不容易管理，其實這是完全不必要的顧慮。活潑、好動是孩子的天性，少部分孩子之所以比較「難管」，主要是由於孩子自我約束能力差。

武術注重內外兼修、壯內強外，恰好能幫助孩子學會如何自律。所謂「習武先習德」，武術教學中始終貫穿著武德教育，培養孩子尊師重教、寬以待人、嚴於律己等良好的道德情操。

好身體是一切行為的前提。適當的武術運動不僅能強

身健體，還可以培養孩子的忍耐力、增強意志力。不僅如此，反覆練習成套的武術動作，可以提高孩子的記憶力、注意力和思維能力，對孩子的文化學習也會有所幫助。

文化學習為靜，武術訓練為動，只要合理分配，動靜結合，在尋求身體強健的同時，不過度損耗孩子的精力，就可以使孩子身心愉悅，平衡發展。

有些家長認為，男孩子學武術，女孩子只能學舞蹈，這種想法是不正確的。武術的學習歷來沒有男女之分，不管是男孩子還是女孩子，在當今社會都需要有一個好的身體。武術練習可以幫助女孩克服脆弱、膽怯等缺點，幫助她們提升形態美、氣質美和內在美。

孩子學習武術有以下幾點需注意：

第一，讓孩子明確學習武術的目的。家長讓孩子學習武術要多從健身、防身的角度出發，如果僅僅就是為了讓孩子多吃飯、少生病、不受欺負，就很難領略到中華武術的博大精深。

因此，家長應讓孩子知曉武術的豐富內涵和精神思想，這樣更有利於孩子瞭解武術，培養興趣，從而提高學習品質。另外，還應告誡孩子，

在學習武術後不能以強欺弱，更不能欺負弱小同學。

第二，認識到學習武術是個循序漸進的過程。孩子學習武術要遵循由易到難的規律，初學武術的孩子學習能力和運動能力都不高，因此要從簡單的套路開始學習，不可操之過急。待基本功打好以後，再為孩子選擇合適的武術項目進行練習。

第三，要養成正確的姿勢。對初學武術的孩子來說，由於骨骼沒有發育完善，具有很大的可塑性，正確的姿勢顯得尤為重要。如果孩子在平時養成了駝背或脊柱前彎的習慣，胸部就會發生畸形，影響身體健康。

五、小腿抽筋的處理

抽筋即肌肉痙攣，是指肌肉突然、不自主的強直收縮的現象，伴隨的症狀有肌肉僵硬、疼痛難忍，是武術訓練中常見的病症之一。

抽筋的部位最常發生在小腿後側、大腿後側以及大腿的前側。除此之外，包括腳趾、手指、手臂、腹部甚至肋骨間的小肌肉群都有可能發生抽筋。

抽筋時甚至可以看到皮膚下面有肌肉抽動的現象，抽筋的時間有數秒鐘或數分鐘不等。

有兩種方法可以快速處理小腿抽筋，緩解疼痛。

（1）身體取坐位，將抽筋的腿儘量伸直，然後用同側手緊緊握住抽筋腿的腳前掌，要忍著劇痛，用力向外側旋轉抽筋腿的踝關節，劇痛感可立刻消失。

（2）用手按壓抽筋小腿的腓腸肌頭神經根。小腿抽筋時，可用單手或雙手大拇指摸索小腿兩邊硬而突起的肌肉的主根，然後用強力對此處進行按壓，使主導興奮的神經鎮靜下來，從而解除抽筋症狀，劇痛感消失。

小腿抽筋的預防，要從以下幾個方面加以注意：

（1）不要在密閉的訓練場所做長時間的訓練。

（2）在訓練前期、中期和後期要及時補充足夠的水

分和電解質。

（3）訓練時要注意保暖。

（4）在沒有做好熱身活動前不做劇烈的、過度的運動。

第四節　學拳練功要略

（1）在學習劈掛拳時必須重視基本功的練習，由易到難、由簡到繁、由低級到高級，逐步掌握劈掛拳專項功法、拳術、器械及實戰技法、戰術心法等。

（2）在教學方面應該先教授學練者一些劈掛拳的一些理論，如拳種概述和風格特點，使學練者對劈掛拳有個初步的瞭解，然後循序漸進的學練拳術，以收到良好的學練效果。

（3）初級練習階段主要以連環劈掛掌、左右單劈手、反弓背等核心動作進行練習，突出劈掛拳種的風貌，避免「串味」——串了別的拳術的韻味。

拳諺云「柔則勢法變轉開合易，剛則勢法變轉開合難。」「善練筋長一寸，忌練肉厚一分。」所學招式要達到鬆柔、順暢。

（4）劈掛拳以快制慢、以長制短、橫攔斜擊、快打速攻、閃進巧取。亦柔亦剛的轆轤翻扯勁是劈掛拳的核心勁力，以腰帶臂，疊加上下肢的起伏擰轉，形成了調動周身的整勁，發勁時要掌握發勁方法和用力技巧。力要起於根，順於中，達於梢，足、膝、腰、胯、背、肩、肘、

腕、手全身九節勁節節貫穿，協調順達。

（5）要控制好肌肉的放鬆與緊張度，提高發勁的力度，以達到放長擊遠、意氣融貫、勁力通透。力量和速度是關係到勁力大小的兩個因素，其中，力量是基礎，速度是關鍵。如果力量相等時，速度越快，發出的勁力就越大。

（6）在練習劈掛拳中的單劈掌、雙劈掌等動作時，要求迅速蹬地翻身、擰腰轉髖，使蹬地力量逐次由腳、腿、腰、肩、臂傳到手掌，使全身的力量像脫手的轆轤一樣發放出來。如此才會勁力充足，威力巨大。

（7）演練劈掛拳時，習練者要掌握動作的突變性，即動作快、慢、疾、緩的變化，這是練好劈掛拳的關鍵所在。

（8）劈掛拳講究外練手、眼、身、法、步，內練神、意、氣、力、技，學練者必須內外皆修，精純致上方為高手。

（9）劈掛拳中不同的招式對應有不同的戰技可以實施，實戰應用時，不可一成不變、生搬硬套，否則制人不成反被人所制。

（10）一膽二力三功夫，四變五圓六快猛，都是實戰時必須具備的。

（11）學練劈掛拳必須持之以恆，做到冬練三九、夏練三伏，這樣才能收到良好的練習效果。切忌半途而廢，否則終無所成。

（12）學練劈掛拳一要多思考，思考拳理、拳技等，

二要勤練習，由半速、全速、急速等不同的節奏來練習所學內容。只有訓練量的積累才能達到拳術和功力的質的變化。正如拳諺云「拳打千遍，身法自現」。

（13）多打實戰，技藝更高。

（14）出手不見手，起腿不見腿。

（15）在學習劈掛拳的過程中，也可以參考同類的書籍、光碟、網路上的影音等進行學習、研究，取長補短，使自己的拳技更趨完善。

（16）學練劈掛拳之後，應儘可能地再學練一些同門的器械，如劈掛刀、瘋魔棍、苗刀等，以使自己學練的體系更飽滿，也利於參加一些正規的武術大賽。

附　錄

武術套路運動員技術等級標準

一、國際級運動健將

凡符合下列條件之一者，可申請授予國際級運動健將稱號：

（一）世界錦標賽、世界盃前3名；

（二）世界武搏運動會第一名。

二、運動健將

凡符合下列條件之一者，可申請授予運動健將稱號：

（一）世界武搏運動會第二至三名；

（二）世界青少年錦標賽A組（青年組）、亞洲錦標賽、亞運會前3名；

（三）全國運動會（預賽、決賽）、全國錦標賽、全國冠軍賽團體前8名，全能前12名，單項前6名，傳統項目各單項第一名；

（四）全國青年運動會決賽前3名。

三、一級運動員

凡符合下列條件之一者，可申請授予一級運動員稱號：

（一）全國運動會（預賽、決賽）、全國錦標賽、全

國冠軍賽全能第十三至二十四名，單項第七至二十四名，傳統項目各單項第二至八名；

（二）全國青年運動會決賽第四至六名；

（三）全國青少年錦標賽A組（青年組）單項前6名，B組（少年組）單項前3名；

（四）全國武術學校比賽全能前3名；

（五）全國體育傳統學校聯賽單項前3名。

四、二級運動員

凡符合下列條件之一者，可申請授予二級運動員稱號：

（一）全國青年運動會決賽第七至十六名；

（二）全國青少年錦標賽B組（少年組）單項第四至六名；

（三）全國武術學校比賽全能第四至六名；

（四）全國體育傳統學校聯賽單項第四至六名；

（五）省（區、市）體育局主辦的綜合性運動會或錦標賽單項前3名。

五、三級運動員

凡符合下列條件之一者，可申請授予三級運動員稱號：

省（區、市）體育局主辦的綜合性運動會或錦標賽單項第四至六名。

注：

1.可授予等級稱號的小項（以下小項外的其他小項不得授予等級稱號）：

（1）團體、全能、雙人、長拳、劍術、刀術、槍術、棍術、南拳、南刀、南棍、太極拳（自選及各式太極拳）、太極劍（自選及各式太極劍）、對練。

（2）傳統項目：

拳術：

形意拳、八卦掌、八極拳；通臂拳、劈掛拳、翻子拳；地躺拳、螳螂拳、鷹爪拳、其他象形拳；查拳、華拳、少林拳、南拳；各式太極拳。

器械：

南刀、醉劍、長穗劍、42式太極劍、南棍、樸刀（含大刀）、猴棍；雙刀、雙劍（含長穗雙劍）、雙鉤；三節棍（含雙節棍）、單鞭、雙鞭（含刀加鞭）、繩鏢（含流星錘）；傳統太極器械。

2. 上述比賽各小項至少8人（對、隊）上場比賽方可授予等級稱號。

3. 上述比賽未明確組別的，則僅最高水準組別可授予等級稱號。

4. 評分裁判員規定

（1）國際級運動健將：須是國際級裁判員；

（2）運動健將、一級運動員、二級運動員：至少有2名國家級裁判員，其餘須是一級裁判員；

（3）三級運動員：至少有2名二級裁判員。

太極武術教學光碟

太極功夫扇
五十二式太極扇
演示：李德印 等
(2VCD)中國

夕陽美太極功夫扇
五十六式太極扇
演示：李德印 等
(2VCD)中國

陳氏太極拳及其技擊法
演示：馬虹(10VCD)中國
陳氏太極拳勁道釋秘
拆拳講勁
演示：馬虹(8DVD)中國
推手技巧及功力訓練
演示：馬虹(4VCD)中國

陳氏太極拳新架一路
演示：陳正雷(1DVD)中國
陳氏太極拳新架二路
演示：陳正雷(1DVD)中國
陳氏太極拳老架一路
演示：陳正雷(1DVD)中國

陳氏太極拳老架二路
演示：陳正雷(1DVD)中國
陳氏太極推手
演示：陳正雷(1DVD)中國
陳氏太極單刀・雙刀
演示：陳正雷(1DVD)中國

郭林新氣功
(8DVD)中國

本公司還有其他武術光碟
歡迎來電詢問或至網站查詢
電話：02-28236031
網址：www.dah-jaan.com.tw

原版教學光碟

歡迎至本公司購買書籍

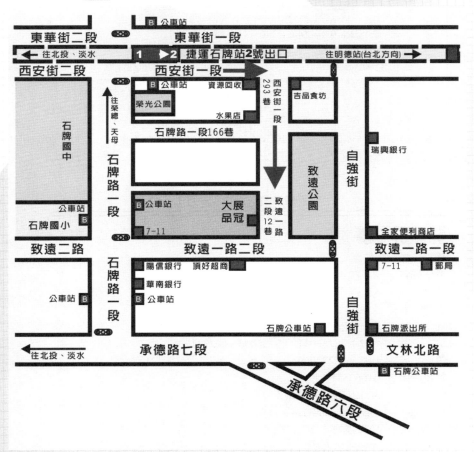

建議路線

1.搭乘捷運‧公車

　　淡水線石牌站下車，由石牌捷運站２號出口出站(出站後靠右邊)，沿著捷運高架往台北方向走(往明德站方向)，其街名為西安街，約走100公尺(勿超過紅綠燈)，由西安街一段293巷進來(巷口有一公車站牌，站名為自強街口)，本公司位於致遠公園對面。搭公車者請於石牌站(石牌派出所)下車，走進自強街，遇致遠路口左轉，右手邊第一條巷子即為本社位置。

2.自行開車或騎車

　　由承德路接石牌路，看到陽信銀行右轉，此條即為致遠一路二段，在遇到自強街(紅綠燈)前的巷子(致遠公園)左轉，即可看到本公司招牌。

國家圖書館出版品預行編目資料

劈掛拳 ／ 武兵 著
——初版，——臺北市，大展，2017〔民106.06〕
面；21公分 ——（中華傳統武術；23）
ISBN 978－986－346－164－7（平裝）

1.拳術 2.中國

528.972 106005333

劈 掛 拳

著　　者／武 兵

責任編輯／岑 紅 宇

發 行 人／蔡 森 明

出 版 者／大展出版社有限公司

社　　址／台北市北投區（石牌）致遠一路2段12巷1號

電　　話／（02）28236031・28236033・28233123

傳　　眞／（02）28272069

郵政劃撥／01669551

網　　址／www.dah-jaan.com.tw

E - mail／service@dah-jaan.com.tw

登 記 證／局版臺業字第2171號

承 印 者／傳興印刷有限公司

裝　　訂／眾友企業公司

排 版 者／弘益電腦排版有限公司

授 權 者／安徽科學技術出版社

初版1刷／2017年（民106）6月

定 價／250元

大展好書　好書大展
品嘗好書　冠群可期

大展好書　好書大展
品嘗好書　冠群可期